O amor

O amor
André Comte-Sponville

Tradução
EDUARDO BRANDÃO

Revisão da tradução
MONICA STAHEL

SÃO PAULO 2019

Esta obra corresponde à transcrição do curso "L'Amour" de André Comte-Sponville, gravado originalmente em CD-áudio
Copyright © 2011, Editora WMF Martins Fontes Ltda.,
São Paulo, para a presente edição.
Adaptação e edição da transcrição do áudio: A.C.-S.

1ª edição 2011
4ª tiragem 2019

Tradução
EDUARDO BRANDÃO

Revisão da tradução
Monica Stahel
Acompanhamento editorial
Luzia Aparecida dos Santos
Revisões gráficas
Marisa Rosa Teixeira
Ivani Aparecida Martins Cazarim
Produção gráfica
Geraldo Alves
Paginação
Studio 3 Desenvolvimento Editorial

Dados Internacionais de Catalogação na Publicação (CIP)
(Câmara Brasileira do Livro, SP, Brasil)

Comte-Sponville, André
 O amor / André Comte-Sponville ; tradução Eduardo Brandão. – São Paulo : Editora WMF Martins Fontes, 2011.

Título original: L'amour.
ISBN 978-85-7827-390-3

1. Amor 2. Filosofia francesa I. Título.

11-01862 CDD-194

Índices para catálogo sistemático:
1. Amor : Filosofia francesa 194

Todos os direitos desta edição reservados à
Editora WMF Martins Fontes Ltda.
Rua Prof. Laerte Ramos de Carvalho, 133 01325-030 São Paulo SP Brasil
Tel. (11) 3293-8150 e-mail: info@wmfmartinsfontes.com.br
http://www.wmfmartinsfontes.com.br

Índice

Preâmbulo 9

Introdução 11
O amor é uma virtude?; o amor não é um dever; a moral é uma aparência de amor; o direito e a polidez são aparências de moral; quando se para de aparentar?; os três amores. 26

I. *ÉROS* OU O AMOR-PAIXÃO 29
O paradoxo do *Banquete*; o discurso de Aristófanes: as ilusões do amor; que Aristófanes se engana ou nos engana; o discurso de Sócrates: a verdade sobre o amor; o amor como falta; três exemplos; da falta ao tédio; "o verdadeiro caminho do amor". 57

II. *PHILÍA* OU A ALEGRIA DE AMAR 65
"Amar é regozijar-se"; o desejo como potência; a felicidade de amar; uma declaração espinosista de amor; fazer amor com seu melhor amigo; a paixão pode perdurar?; amar a verdade do outro. 85

III. *Agápe* ou o amor sem limites................................. 93
Qual é esse amor que seria Deus?; o amor de caridade; o amor como retirada; o amor a si; amor de concupiscência ou amor de benevolência?; o amor sem fronteiras. 109

Conclusão.. 111
A mãe e o filho; universalidade do amor?; o amor e Deus; de onde vem o amor?; a graça de amar 119

*a Joana Angélica d'Ávila Mello
Claudia Berliner
Eduardo Brandão*

Preâmbulo

Gravei em 2008, para as Éditions Frémeaux, uma longa palestra sobre o amor, disponível em CD somente em francês[1]. A editora WMF Martins Fontes me pediu para fazer uma versão escrita, destinada aos leitores lusófonos. É ela que se lê a seguir. Eu mesmo revi a transcrição, sem me impedir, aqui e ali, de melhorar o que podia ser melhorado. Mesmo assim, o texto permanece bem próximo da sua oralidade original, com as fraquezas mas também, talvez, com as qualidades que isso supõe. Ele é inédito em francês: o presente volume, em sua tradução brasileira, constitui sua primeira edição mundial. Permitam-me aproveitar a oportunidade para agradecer a editora Martins Fontes pelo cuidado que vem tendo, há anos, de dar a conhecer meu trabalho; e para dizer aos leitores brasileiros quanto estou emocionado e honrado com a acolhida, particularmente calorosa e atenta, que eles dispensaram a meus livros. Este volume lhes é dedicado, em testemunho de gratidão.

O objetivo dessa gravação era, em primeiro lugar, retomar e prolongar, mas de uma forma mais viva, o conteúdo

---

[1]. *L'amour*, estojo com três CDs, Éditions Frémeaux & Associés (www.fremeaux.com), 2008.

do último capítulo do meu *Pequeno tratado das grandes virtudes*. Não se surpreendam, pois, se encontrarem aqui a mesma problemática: isso fazia parte do projeto inicial. Fiquei mais surpreso ainda ao constatar, corrigindo a transcrição, que essa palestra também coincidia, em certos pontos, com a que publiquei vários anos atrás, com o título "A felicidade, desesperadamente". Não era deliberado (trata-se, em ambos os casos, de intervenções orais, o que não ocorre sem surpresas nem repetições), mas não é tampouco um acaso. Como falar da felicidade sem falar do amor? Como pensar o amor sem se interrogar sobre a felicidade que ele visa ou com que sonha, que ele possibilita ou entrava? Não achei que devesse suprimir essas repetições, que me pareceram mais significativas do que incômodas. É como que um caminho que a gente traça, sem querer, sem de início perceber, de tanto percorrer os mesmos lugares. Outros, depois da gente, o seguirão, e as pegadas que deixamos poderão ajudá-los a se orientar. De resto, ninguém é obrigado a segui-lo. O pensamento é mais um passeio do que uma viagem. O alvo, se existe, importa menos que a trajetória. A novidade, menos que o prazer que em realizá-la. Cabe a cada um inventar, ou reinventar, o itinerário que segue ou que inaugura nesse passeio. Este pequeno livro apresenta o meu, num certo momento (mas que se estendeu por vários anos: é uma das palestras que fiz com maior frequência) e de um certo ponto de vista. Tanto melhor se possibilitar a outros avançar, mesmo que, em seu percurso próprio de vida e de pensamento, afastando-se do meu. Só aparentemente a filosofia é um exercício solitário. Pensar por si mesmo nunca é pensar sozinho. Inúmeros mortos nos precedem ou nos acompanham, e alguns vivos às vezes. Mas chega de preliminares.

Introdução

Vou portanto falar de amor, ou do amor. Não são necessárias longas preliminares para justificar a escolha desse tema: o amor é o tema mais interessante. Quase sempre. Para quase todo o mundo. Por exemplo, uma noite, num jantar com alguns amigos. A conversa pode girar em torno da situação política, do último filme que vocês viram, da sua profissão, das férias, e tudo isso pode ser interessantíssimo. Mas, se um dos convivas se põe a falar de amor, o interesse dos outros quase sempre aumenta sensivelmente. Sim, o amor, tomado em si mesmo, é o tema mais interessante, quase sempre, para quase todo o mundo. Acrescentarei que qualquer outro tema só tem interesse à medida do amor que temos por ele. Imaginem que um de vocês me diga: "Não, não, para mim nem um pouco! O que mais me interessa não é o amor, é o dinheiro!" Eu responderia, claro: "Isso prova que você ama o dinheiro!" É sempre um amor... Ou que outro me diga: "A mim, o que mais interessa não é o amor, não é o dinheiro, é minha profissão!" Eu responderia: "Isso prova que você ama sua profissão!" Não só o amor é o tema mais interessante, para a maioria de nós, mas qualquer outro tema só tem interesse à medida do amor que temos por ele.

O amor é uma virtude?

Em compensação, se não preciso justificar a escolha do tema, talvez tenha de explicar em algumas palavras a maneira como vim a falar de amor, no caso num dos meus livros, publicado em 1995, que se chamava *Pequeno tratado das grandes virtudes*. Era um tratado de moral, conforme bem indica seu título, cujo primeiro capítulo, que também era o mais longo, se referia ao amor. Um capítulo como esse, numa obra como essa, não era uma obviedade. O amor é mesmo uma virtude?

Nem todo amor, de fato. Imaginem que alguém lhes diga "Amo o dinheiro", ou então "Amo o poder", ou *a fortiori* "Amo o poder e a crueldade"... Vocês teriam dificuldade para ver nisso o enunciado das suas virtudes, e com toda a razão. Faça-se constar. Nem todo amor é virtuoso, é bom lembrá-lo. Mas, inversamente, imaginem alguém que não amasse nada nem ninguém: faltar-lhe-ia certamente uma qualidade essencial, uma "excelência" como diriam os gregos ("virtude", em grego, se dizia *areté*, que significa literalmente "excelência"). O que é uma virtude? É uma qualidade moral, em outras palavras, uma disposição que nos torna melhores, "mais excelentes", como dirá Montaigne (um dos capítulos dos *Ensaios* se chama "Dos mais excelentes homens"), ou simplesmente mais humanos. Nos *Ensaios* de Montaigne há uma frase de que gosto muito: "Nada é tão belo e tão legítimo quanto fazer bem o homem e devidamente."[1] Isso diz o essencial. O que é uma virtude? É uma qualidade, uma *excelência*, que nos permite "fazer

---

1. *Essais*, III, 13, p. 1.110 da ed. Villey-Saulnier, PUF, 1965, reed. 1988.

bem o homem e devidamente", em outras palavras realizar da melhor maneira possível nossa humanidade ("fazer bem o homem", fazer bem a mulher), cumprindo, quando necessário, com nosso dever ("devidamente"). Imaginem, dizia eu, alguém que não amasse nada nem ninguém... Faltar-lhe-ia, certamente, uma qualidade essencial para "fazer bem o homem e devidamente"; faltar-lhe-ia evidentemente uma virtude, e não a menor.

Aliás, todos sabem que o amor, pelo menos um certo tipo de amor – voltarei a isso –, é uma das três virtudes teologais da tradição cristã. Só há três, ditas "teologais" por terem o próprio Deus como objeto: a fé, a esperança e a caridade, como dizem frequentemente os católicos, ou a fé, a esperança e o amor, como dizem de preferência os protestantes – conforme as duas traduções francesas, "caridade" ou "amor", que se pode dar à mesma palavra grega *agápe*, aliás desconhecida dos gregos clássicos (não a encontramos nem em Platão, nem em Aristóteles, nem em Epicuro), mas muito presente no Novo Testamento, no qual ela designa o amor ao próximo (aquele em que não somos nem amante nem amigo), o que podemos chamar, por espírito de síntese e apesar do aparente pleonasmo, amor de caridade.

O amor não é um dever

Ora, o interessante aqui é que, assim como o amor, pelo menos certo tipo de amor, é com toda certeza uma virtude, com igual certeza o amor não é um dever. Por quê? Porque, explica Kant, aqui bem próximo da experiência comum, "o amor é uma questão de *sentimento* e não de *von-*

tade"². Ora, não se pode ordenar um sentimento... Kant escreve também: "Não posso amar porque *quero*, ainda menos porque *devo* amar; do que se segue que um *dever de amar* é um contrassenso."³ Concretamente, o que isso quer dizer? Imaginem, tomo um exemplo trivial: você dá espinafre para um de seus filhos, um garotinho ou uma garotinha de sete ou oito anos. O menino recusa: "Não gosto de [não amo⁴] espinafre!" Pois bem, compreender que ele não tem o dever de amar, compreender que não se pode ordenar o amor é compreender que não tem rigorosamente nenhum sentido dizer para ele: "Ordeno que você goste de [ame] espinafre! É seu dever!" Você pode pronunciar essas duas frases, mas não pensá-las verdadeiramente: elas são intrinsecamente absurdas, porque amar ou não espinafre não é uma questão de vontade, é um sentimento, um gosto, no caso. Ora, um sentimento ou um gosto não é coisa que se possa ordenar. Você pode dizer, eventualmente: "Ordeno que você coma espinafre!" Não digo que deva agir assim, cada um tem sua maneira de criar os filhos, mas em todo caso essa frase não é intrinsecamente absurda: comer ou não comer espinafre é um ato, e um ato pode ser ordenado. Mas amar, gostar ou não de espinafre não é um ato, é um sentimento, um gosto. Ora, não se pode ordenar um sentimento, um gosto.

Segundo exemplo, mais sério. Compreender que não existe o dever de amar é compreender que no dia que seu

---

2. *Métaphysique des moeurs, Doctrine de la vertu*, Introduction, XII, c, "De l'amour des hommes", AK, VI, 401-402, pp. 73-74 da tradução Philonenko, Vrin, 1968 (Pléiade, t. 3, pp. 684-685).
3. *Ibid.* (grifos de Kant). Ver também *Critique de la raison pratique*, I, cap. 3, "Des mobiles de la raison pure pratique".
4. Em francês, o verbo *aimer* abrange todos os sentidos de "amar", "gostar" etc.

cônjuge – pode acontecer – lhe disser "Não te amo mais" não terá rigorosamente nenhum sentido você lhe dizer: "Você tem de me amar, é seu dever!" Porque seu cônjuge poderia replicar: "Escute aqui, releia Kant: não posso amar porque *quero*, ainda menos porque *devo* amar; daí que um *dever de amar* é um contrassenso..."

O amor é uma virtude, não um dever. Essa dupla constatação desemboca numa observação e num problema.

A observação é que, se o amor é uma virtude e não um dever, isso confirma, inclusive contra Kant, que *virtude* e *dever* são duas coisas diferentes, se não independentes uma da outra. E, claro, não foi por acaso que escrevi um *Pequeno tratado das grandes virtudes* em vez de um *Pequeno tratado dos grandes deveres*. Digamos que o dever está do lado da obrigação, da coerção, do "imperativo", como diz Kant (logo, para o indivíduo, do lado da submissão ou da obediência), enquanto a virtude está mais do lado da potência, da excelência, da afirmação. No limite: o dever é uma coerção; a virtude, uma liberdade. Não se conclua precipitadamente que o dever está superado. Ele só é superado pela virtude quando esta triunfa. Portanto, ele continua se impondo quando a virtude está ausente – isto é, na maioria esmagadora das vezes. O Novo Testamento (que é uma ética do amor) consuma o Antigo (que é uma moral da Lei), mas não o abole[5]. Isso também vale para os ateus. Somente um sábio pode prescindir da moral. Somente um louco pode pretender prescindir dela.

Eis o problema: se o amor não é um dever, se o amor não pode ser ordenado, que sentido pode ter o mandamen-

---

5. Sobre as noções de ética e de moral, bem como sobre as diferenças que faço entre uma e outra, ver meu artigo "Moral ou ética?", *Valor e verdade*, Martins Fontes, 2008, pp. 251-80. Ver também os verbetes "Ética" e "Moral" do meu *Dicionário filosófico*, Martins Fontes, 2003.

to evangélico *"amar ao próximo como a si mesmo"*? Por que estranha aberração os Evangelhos podem nos ordenar uma coisa, o amor, que não pode ser ordenada? Os que já leram algum dos meus livros, e por conseguinte sabem que sou ateu, poderiam concluir que os Evangelhos não deveriam me interessar. A eles responderei simplesmente que ser ateu não dispensa ninguém de ser inteligente, e que eu gostaria pelo menos de compreender. Isso é especialmente importante quando se trata de um dos textos fundamentais da nossa civilização. Ora, seja você crente, ateu ou agnóstico, e qualquer que seja a religião dos que são crentes, é forçoso reconhecer que as Escrituras, Antigo e Novo Testamento, fazem parte, evidentemente, dos textos fundadores da nossa civilização. É importantíssimo, portanto, compreender o que se diz neles. E, para Kant, que era cristão (no caso, um luterano muito pio, até pietista), é evidente que a questão se coloca. Ele acaba de mostrar que o amor não pode ser ordenado, que o amor não é um dever. Inevitavelmente, coloca-se a questão de saber como o "Santo Evangelho", como ele diz, pode nos ordenar uma coisa, o amor, que não pode ser ordenada.

A moral é uma aparência de amor

A resposta de Kant me parece extremamente esclarecedora sobre a relação entre o amor e a moral, digamos que sobre a relação entre o amor e as outras virtudes. Sua resposta, em substância, é a seguinte: Jesus, é claro, só pode nos ordenar algo que pode ser ordenado, em outras palavras um ato, e não um sentimento. É o que Kant chama de "amor prático"⁶. Por que *prático?* Porque *praxis*, em grego, significa "ação". Logo, o que Jesus nos ordena é agir: "Amar a Deus, nesse sentido, significa: executar *de bom grado* seus mandamentos; amar ao próximo: cumprir *de bom grado* todos os nossos deveres para com ele."⁷ Mas nesse caso por que falar em *amor* prático? Para nos estimular, é esse o espírito dos Evangelhos, a agir *por amor*, quando se ama, quando existe amor, mas também, acrescentaria eu, a agir *como se amássemos* quando o amor está ausente. Por isso digo frequentemente que a moral é uma aparência de amor: trata-se de fazer *como se* amássemos. E, claro, o amor é melhor. Melhor, para nós todos, é amar e agir por amor. Sim, quando existe amor. Mas e quando o amor não existe? Quando está ausente? Resta-nos então agir *como se* amássemos! É aí que a moral intervém: quando não existe amor, quando ele brilha – é o que chamamos de um valor – apenas por sua ausência.

Tomemos o exemplo de uma virtude moral bem clássica: a generosidade. É a virtude da doação. Ora, quando amamos, damos: o amor é generoso, diz-se. Sim, quando amamos, damos. Mas, quando damos por amor, não é generosidade; é amor. Quando enchemos nossos filhos de presentes, no Natal, nenhum de nós diz "Como sou generoso!" Dizemos "Como eu os amo!", eventualmente "Como sou bobo!", mas certamente não "Como sou generoso!". Quando amamos, damos, mas quando damos por amor, não é generosidade, é amor. O que desemboca numa definição muito esclarecedora e muito exigente da generosidade: a ge-

---

6. *Critique de la raison pratique*, I, cap. 3, "Des mobiles de la raison pratique" (ver especialmente as pp. 82-4 da edição da Academia de Berlim, pp. 707-711 na Pléiade, t. 2).

7. *Ibid.*, AK, V, 83, trad. L. Ferry e H. Wismann, Pléiade, t. 2, p. 709.

nerosidade é a virtude que consiste em dar aos que não amamos.

Isso diz muito sobre o limite da generosidade, como virtude moral, mas também sobre sua grandeza e sua raridade. É claro que o melhor é amar, logo dar por amor. Mas isso só vale, por definição, quando existe amor. Isto é, sejamos claros, não muito frequentemente. É forçoso reconhecer que, quando saímos do âmbito da família, amar é nos pedir demais. Foi por isso que se inventou a moral.

Quando existe amor, já não é preciso, no limite, preocupar-se com a moral: já não há obrigação, já não há "coerção", como diz Kant, já não há dever; o amor basta e é melhor. Por exemplo, tenho três filhos, que agora são adultos. Sempre soube, evidentemente, que era meu dever alimentá-los, enquanto eram pequenos. Mas juro que nem uma só vez, desde que eles nasceram, alimentei meus filhos por dever. Alimentei-os por amor, como todo o mundo, e isso é melhor tanto para eles como para mim. Imaginem que vocês perguntam a uma mulher que está amamentando seu bebê: "Por que está alimentando esse bebê?" Imaginem qual seria a reação de vocês se ela respondesse: "Eu o estou alimentando por razões morais; considero que é meu dever!" Vocês pensariam: "Pobre mãe, e pobre criança!" Mas não há muita probabilidade de que isso aconteça. A verdade, claro, é que ela o amamenta por amor e que, mais uma vez, isso é muito melhor, para ela e para ele.

Logo, quando existe amor, já não é preciso se preocupar com moral. "O que se faz por coerção, não se faz por amor", observava Kant[8]. A recíproca também é verdadeira: o que se faz por amor, não se faz por coerção. É por isso

---

8. *Métaphysique des moeurs*, AK, VI, 401 (Pléiade, t. 3, p. 684).

que o amor liberta da moral, não abolindo-a, para retomar a fórmula dos Evangelhos, mas consumando-a. Para tanto, não é necessário ser kantiano nem cristão. Nietzsche, que não era nem uma coisa nem outra, também dirá isso: "O que é feito por amor sempre se consuma além do bem e do mal."[9] Mas era de fato esse o espírito do Novo Testamento, que santo Agostinho resumiu genialmente numa frase: "Ame e faça o que quiser!"[10] É o espírito de Cristo; é o espírito do amor, com ou sem Deus: quando existe amor, já não é preciso se preocupar com moral, dever, obrigação; é só agir por amor e basta.

Sim, quando existe amor... No entanto, na maioria das vezes, é claro, ele não existe. Quantas pessoas você ama o suficiente para estar liberado, em relação a elas, de toda obrigação estritamente moral, de todo imperativo, de todo dever? Há seus filhos, para quem os tem, é o único caso verdadeiramente simples, principalmente quando eles são pequenos, eventualmente os filhos de seus filhos... Seu cônjuge? Já é muito mais complicado! Logo se descobre, no casal, que o amor nem sempre basta, que a moral reassume seus direitos, e nós, nossos deveres. Os pais? Aqui também é raro que o amor seja suficiente. Para a maioria de nós, mesmo que amemos nossos pais, é bom que a moral supra às vezes as insuficiências do amor: muitas vezes também é por dever que fazemos o que podemos para ajudá-los, para ampará-los, para acompanhá-los... Os dois ou três melhores amigos? Sim, pode acontecer. Kant escreve em algum lugar: "É dever ser leal na amizade." Sem dúvida ele tem razão, mas com os amigos mais próximos, os do

---

9. *Par-delà le bien et le mal*, aforismo 153, trad. G. Bianquis, reed. 10/18, 1973.
10. *Traités sur la Première Épître de saint Jean*, VII, 8.

primeiro círculo, não é por dever que somos leais, é por amor. Façamos as contas: os filhos, eventualmente o cônjuge, os pais, os dois ou três melhores amigos, em suma, nossos próximos, os que mais amamos... Chegamos a quanto? Cinco pessoas? Dez pessoas? Quinze pessoas, no caso dos que têm um coração imenso? Sobram um pouco mais de seis bilhões e meio de seres humanos, que não amamos, ou amamos tão pouco que, em relação a eles, temos somente a moral para nos proibir o pior e para nos levar, às vezes, a lhes fazer um pouco de bem.

Quando existe amor, ele basta: já não precisamos de moral, já não precisamos nos preocupar com nossos deveres. Porém, na maioria das vezes, não existe amor; é aí que intervém a moral, que nos manda agir *como se* amássemos. A moral é uma aparência de amor, dizia eu. Isso quer dizer que só precisamos de moral na ausência de amor, por falta de amor. É exatamente por isso que precisamos terrivelmente de moral!

O ideal é amar e agir por amor; mas pedir amor é nos pedir demais. Amar, além dos que nos são próximos – isso nós não sabemos. Tanto que inventamos a moral (é uma maneira de falar: a moral resulta menos de uma invenção do que de uma seleção, no sentido quase darwiniano do termo) para, em todos os casos em que o amor está ausente, isto é, nos casos mais frequentes, nos impelir a agir não por amor, claro, já que somos quase incapazes disso, mas como se amássemos. Daí que a moral se submete ao amor, mesmo quando ele está ausente: ela é a homenagem que prestamos ao amor, mas em sua ausência.

Retomemos o exemplo da generosidade. O melhor é amar e dar por amor. Mas, quando não existe amor, diz a moral, resta dar aos que você não ama. É aí que encontramos a generosidade, virtude moral, virtude da doação. Quando você não é capaz de dar por amor, aja como se amasse: dê aos que você não ama! Se você não ama, pelo menos faça como se amasse: pelo menos seja generoso!

O direito e a polidez são aparências de moral

"Espere aí!", vocês poderiam objetar. "Você mesmo disse: os que não amo são mais ou menos seis bilhões e meio. Se eu der para todos, o que vai sobrar para mim?" Nada, claro... A coisa vai ficando interessante. O ideal é amar; mas amor é pedir demais. A moral nos diz, em substância: quando você não é capaz de amar, aja como se amasse, pelo menos seja moral, pelo menos seja generoso, dê aos que você não ama. Sim. Mas a moral também é pedir demais! Dar aos que não amo? Nem pensar, a não ser migalhas! Amar, eu não sei. Ser generoso, eu não quero.

Que fazer? Quando não sou capaz de amar, tento fazer *como se* amasse: tento ser pelo menos moral, por exemplo dar aos que não amo, tento pelo menos ser generoso. Mas, quando não sou capaz de ser moral, quando não sou capaz de ser generoso, o que faço? Pois bem, mais uma vez faço *como se* fosse. É o que chamamos de direito e de polidez. O direito, para o que diz respeito às relações objetivas, como diria Hegel; a polidez, para o que diz respeito às relações subjetivas ou intersubjetivas.

Isso constitui um terceiro nível, menos exigente que os dois primeiros, e mais acessível. O melhor é amar e dar por amor. Mas, quando você não é capaz disso, pelo menos seja generoso: dê aos que você não ama. E, quando você não é capaz de ser generoso, respeite escrupulosamente a propriedade alheia. Ufa! Posso respirar! Finalmente uma coisa de que sou capaz! Amar, eu não sei. Dar, eu não quero. Mas respeitar a propriedade alheia está claramente ao meu alcance. A maioria de nós poderia dizer, com Georges Brassens: "Nunca matei, também nunca violei, já faz um tempinho que já não roubo."

Mesma coisa, claro, no caso da polidez. O melhor é amar e agir por amor. Quando você não é capaz de agir por amor, pelo menos seja moral, pelo menos seja generoso: dê aos que você não ama. E, se mesmo isso é pedir demais, se você não é capaz de ser moral, não é capaz de ser generoso, pelo menos seja polido! De novo, posso respirar: amar, eu não sei; dar, eu não quero; mas, de ser polido, sou plenamente capaz!

A moral é uma aparência de amor. O direito e a polidez são aparências de moral. Trata-se de fazer como se fôssemos virtuosos. Você esbarra num desconhecido, sem querer, num corredor. Você diz: "Desculpe!" Você faz como se o respeitasse. O respeito é uma virtude moral (é levar em conta a dignidade alheia). Mas, quando você esbarra em alguém num corredor, não é esse o seu problema, para você não se coloca a questão do respeito ou da dignidade. Você foi bem educado por seus pais e isso basta para dizer, por pura polidez: "Desculpe!" É mais um reflexo do que uma virtude, mais um condicionamento do que um dever, mas que têm algo a ver (por imitação) com a moral. Você faz como se respeitasse o outro: você é polido. E ele responde: "Não há de quê!" Ele faz como se desculpasse você. A misericórdia é uma virtude moral (é a virtude da desculpa, do perdão). Mas nesse caso ele não se pergunta se deve ou não desculpar você. A boa educação basta. Por pura polidez, ele responde: "Não há de quê!" É uma aparência de misericórdia.

INTRODUÇÃO

Poderíamos multiplicar os exemplos. Você está num bar. Você pede um café ao garçom. Você acrescenta: "Por favor!" De novo, você faz como se o respeitasse. Na verdade, na maioria das vezes, não é disso que se trata. Você está aquém do respeito ou do desprezo: você é polido. O garçom traz o café. Você diz "Obrigado", você faz como se sentisse gratidão. A gratidão é uma virtude moral, mas no caso você não a sente de modo nenhum (se tivesse de sentir gratidão cada vez que lhe trazem um café ou um prato num restaurante, a vida seria bem complicada!), essa questão nem sequer se coloca: a polidez basta para fazer você agir *como se* sentisse gratidão, respeito ou misericórdia – como se você fosse moral! A moral é uma aparência de amor; a polidez e o direito são aparências de moral.

Isso não é razão para desprezá-los, menos ainda para pretender prescindir deles. Uma sociedade em que todo o mundo respeitasse escrupulosamente tanto o direito como a polidez seria, vista de fora, uma sociedade mais ou menos perfeita. Não haveria necessidade de tribunais, de polícia, de prisões, já que ninguém violaria a lei. Consideráveis economias para o orçamento da nação! Não haveria violência, já que a violência supõe sempre que se tenha violado, seja o direito, seja a polidez, seja, na maioria das vezes, ambos. Sim, uma sociedade em que todo o mundo respeitasse escrupulosamente o direito e a polidez seria uma sociedade quase perfeita. E, no entanto, diria Blaise Pascal, "se for só isso, você não deixaria de estar perdido"[11]: mesmo assim você estaria danado. Porque o direito e a polidez, obviamente, nunca salvaram ninguém. Na minha lin-

---

11. *Trois discours sur la condition des grands*, Oeuvres complètes, Seuil, 1963, col. "L'intégrale", p. 368 (último parágrafo do terceiro discurso).

guagem de ateu eu diria: a sociedade seria quase perfeita, mas a vida não teria nenhum valor, nenhum sabor, nenhum sentido! Porque não são o direito e a polidez que dão sabor, sentido ou valor à vida.

Insisto nesse ponto porque, quando publiquei meu *Pequeno tratado das grandes virtudes*, cujo primeiro capítulo tratava da polidez, vários leitores, especialmente entre as pessoas idosas, me escreveram ou vieram me procurar, por ocasião de palestras ou lançamentos, para me dizer: "Adorei seu *Pequeno tratado das grandes virtudes*, principalmente porque você começou pela polidez; isso é importantíssimo!" Eu sempre respondia: "É verdade, começo pela polidez. Mas perceberam que termino pelo amor? É muito mais importante!" No caso, essa observação, que as pessoas me faziam e achavam ser uma deferência, era ainda mais surpreendente porque, nesse primeiro capítulo, eu explicava que começava pela polidez, que é a menor das virtudes (que não é ainda moral: um canalha pode ser polido), porque é da boa pedagogia começar pelo mais fácil. Ora, é dificílimo amar; é dificílimo ser generoso, justo ou corajoso; é fácil ser pelo menos polido. Donde o plano desse *Pequeno tratado das grandes virtudes*, que de fato começava pela polidez, a menor das virtudes, a que ainda não é moral, e terminava pelo amor, a maior das virtudes, que já não é moral (não, é claro, porque seja imoral amar, mas porque o amor nos liberta da moral: "Ame e faça o que quiser"). Era ir do mais fácil ao mais difícil, do mais comum ao mais raro, de uma imitação de imitação (a polidez imita a moral, que imita o amor) ao modelo último, que só imita a si mesmo (o amor imita o amor: vide Espinosa, Freud, Simone Weil), de uma aparência de amor ao amor verdadeiro.

INTRODUÇÃO

Quando se para de aparentar?

Vocês dirão: "Se a moral é uma aparência de amor (agir moralmente é agir como se amássemos), se o direito e a polidez são aparências de moral (ser polido ou honesto, no sentido jurídico do termo, é agir como se fôssemos virtuosos), quando paramos de aparentar? Quando paramos de fazer *como se*?" A resposta é dupla: paramos de aparentar, por cima, quando agimos verdadeiramente por amor, no que chamo de momentos de santidade; ou, por baixo, quando renunciamos até ao direito e à polidez, no que chamo de nossos momentos de barbárie.

Vocês dirão que não somos santos... Concordo de bom grado, mas com nossos filhos, especialmente quando pequenos, todos nós temos momentos de santidade. Nós os amamos mais do que a nós mesmos, fazemos o interesse deles passar na frente do nosso, estaríamos prontos a dar nossa vida por eles... Amor incondicional e sem limites: momento de santidade.

Tampouco somos bárbaros; nossos pais nos educaram bem demais para que fôssemos. Mas pode acontecer que tenhamos nossos momentos de barbárie. Um motorista dá uma fechada no seu carro, num engarrafamento, ou quer pegar a vaga em que você ia estacionar. Você desce do carro para quebrar a cara dele. Você sabe muito bem que o direito proíbe isso; você não ignora que é uma extrema falta de polidez; mas renunciou até mesmo ao direito e à polidez. Só restaram ódio, violência, cólera: momento de barbárie.

Entre os dois momentos, quando não estamos nem num momento de santidade, em que basta o amor, nem num momento de barbárie, em que até o direito e a polidez parecem abolidos, entre ambos, portanto, nós aparentamos: nós aparentamos ser morais, o que se chama legalidade e bons modos; aparentamos amar, é o que se chama moral. É menos bom que o amor? Sem dúvida. Mas é tão melhor que a barbárie! O direito e a polidez nunca salvaram ninguém. A delinquência e a grosseria menos ainda.

Compreende-se por que todas as virtudes morais se parecem em alguma coisa com o amor: é porque elas o imitam, na sua ausência, porque elas provêm dele (pela educação) ou tendem a ele (por imitação, fidelidade ou gratidão). "A hipocrisia", dizia La Rochefoucauld, "é uma homenagem que o vício presta à virtude."[12] Nossas virtudes, diria eu de bom grado, são homenagens que prestamos ao amor, quando ele não existe. É uma maneira de o amor continuar reinando, mesmo quando não governa. Pascal, em seus *Pensamentos*, o exprimiu magnificamente: "Grandeza do homem em sua concupiscência mesmo, por ter sabido retirar dela um regulamento admirável e por ter em consequência feito um quadro da caridade."[13] Não passa de um fingimento[14], mas é melhor do que o franco ódio. O ódio é melhor do que o direito e a polidez. A civilização, melhor que a barbárie.

Os três amores

O amor, tudo bem, mas que amor? Desde o início desta longa introdução, estou falando no singular, como se a pa-

---

12. *Máximas*, 218.
13. *Pensées*, fr. 118 (ed. Lafuma) ou 402 (ed. Brunschvicg). Ver também o fr. 106-403.
14. Ver o fr. 210-451.

lavra fosse unívoca; mas está claro que não é assim. Amo meus filhos, amo o homem ou a mulher por quem estou apaixonado: é evidente que não se trata do mesmo amor. Amo meus pais, amo meus amigos: não é o mesmo amor. Posso amar o poder, o dinheiro, a glória; posso amar Deus, se acredito nele, ou posso acreditar nele, se o amo; gosto de [amo] cerveja e vinho, ostra e *foie gras*; amo meu país, a música, a filosofia, a justiça, a liberdade, posso amar a mim mesmo... Quantos amores diferentes para quantos objetos diferentes! Tanto que o francês, tido como uma língua analítica, e que na maioria das vezes é mesmo, revela, em se tratando de amor, um poder de síntese quase exagerado. Claro, poderíamos, em francês como em todas as línguas, encontrar outras palavras: afeto, ternura, amizade, inclinação, queda, dileção, predileção, apego, gosto, adoração, veneração... Mas correríamos o risco de nos dispersar numa multidão de detalhes, de nuances, a ponto de perder o essencial ou as grandes linhas. É por isso que, em se tratando de amor, criei o hábito, não de falar grego, coisa de que infelizmente eu seria incapaz, mas de pelo menos utilizar as três palavras gregas de que os antigos se serviam para designar três tipos de amor diferentes. São os três nomes gregos do amor. O primeiro deles é bem conhecido, inclusive em francês, e até mal compreendido: é *éros*. O segundo é conhecido quase só por quem estudou um pouco de grego ou de filosofia: é *philía*. Enfim, o terceiro só é conhecido por quem tem uma educação religiosa, cristã no caso, não muito deficiente: é *agápe*.

Éros, philía, agápe. Eis os três nomes gregos do amor, pelo menos os três principais, e daqui em diante será esse o plano que vou seguir.

I
Éros
ou o amor-paixão

Todo o mundo conhece a palavra "*Éros*", mesmo em nossas línguas modernas, tanto mais que os psicanalistas, que o opõem a *Thánatos*, a utilizam com frequência para designar a pulsão de vida, dominada, como todos sabem, pela sexualidade. Vejo aí sobretudo um risco de confusão. Uma pulsão não é um sentimento. O amor não é um instinto. A confusão, aliás, estava inscrita na maioria das línguas modernas, bem antes de Freud, e assim permanece: como o substantivo "eros" deu, por derivação, os adjetivos "erótico" ou "erógeno", conclui-se que ele se refere à sexualidade. É precipitar-se demais. *Éros*, para os gregos antigos, não é o sexo, em todo caso não o é em primeiro lugar nem principalmente, mas sim o amor. É o que sugere a mitologia: Eros não é o deus apenas da sexualidade (a qual, de resto, também é simbolizada por Hímero, o deus do desejo, por Príapo ou Afrodite, sem falar de Filomedeia, em Hesíodo), mas o deus da paixão amorosa. Isso se confirma sobretudo pelo uso filosófico que os antigos farão dele, em todo caso desde Platão. Eros é o amor, mas não qualquer amor. É um amor muito particular: o amor-paixão. É o amor que sentimos quando estamos apaixonados, mas no sentido mais forte e mais verdadeiro do termo, quando "caímos fulminados de amor", como se diz. Em suma, é o amor que vocês, senhoras, sentiam por seus maridos, antes de eles se tornarem seus maridos. Ou o amor que vocês, senhores, sentiam por suas esposas antes de elas se tornarem suas esposas. Lembrem-se de como era diferente...

Éros, portanto, é a paixão amorosa; e é também o amor segundo Platão. Por quê? Porque o mais belo texto já escrito sobre esse amor, *éros*, na opinião quase unânime dos filósofos, é um texto famosíssimo de Platão, que alguns de vocês talvez tenham lido (é um dos livros mais curtos e acessíveis do autor), que se chama *O banquete.*

O paradoxo do Banquete

De que se trata? De um diálogo, como quase sempre em Platão, ou do relato de um diálogo, reconstitui uma refeição entre amigos, uma "beberagem em comum" (*symposium*, que se costuma traduzir por *banquete*). Os convivas se reúnem certa noite para festejar o sucesso de um deles, Agathón, num concurso de tragédias. Como eles já tinham bebido muito na véspera (o banquete acontece no dia seguinte ao concurso de tragédias) e sabem que o prazer de uma noitada entre amigos depende menos da qualidade das bebidas ou do espetáculo do que do prazer da conversa, mandam os músicos embora, decidem beber moderadamente e, principalmente, escolher um belo tema de conversação. Optam pelo mais belo de todos: decidem falar de amor, ou antes, do amor (é um jantar entre homens, as confidências não são o forte deles), do amor em geral, portanto, em vez de seus amores reais e particulares, mas é melhor do que nada. No decorrer do banquete, serão ouvidos sete discursos sucessivos, um mais pitoresco que o outro: o de Fedro, o de Pausânias, o de Erixímaco, o de Aristófanes, o de Agathón, enfim o de Sócrates, a que se seguirá, mas num registro totalmente diferente, apenas o de Alcibíades, que chega tarde e completamente bêbado... Cada um dos convivas se lança em seu discurso, que é ao mesmo tempo uma tentativa de definição e um elogio do amor, como se este só pudesse ser definido positiva ou enfaticamente. Podem ficar tranquilos, não vou contar os sete discursos, seria demorado demais e não muito proveitoso. Porque, na verdade, esses sete discursos são de um interesse filosófico muito desigual. A tradição filosófica quase sempre se detém apenas em dois, que são conceitualmente riquíssimos, enquanto os outros cinco são mais anedóticos. Interroguem um professor de filosofia sobre os discursos de Fedro, Pausânias, Erixímaco ou Agathón: a não ser que seja um especialista em Platão ou tenha acabado de reler *O banquete*, é pouco provável que ele possa dizer grande coisa. Interroguem-no sobre os discursos de Aristófanes e de Sócrates: certamente fará um resumo preciso e entusiasta. Foram esses dois discursos que impressionaram os espíritos, e ainda impressionam, e que também eu gostaria de resumir e comentar.

O paradoxo é que desses dois discursos, o de Aristófanes e de Sócrates, o grande público costuma reter somente o primeiro. Lembro-me de um colóquio organizado pelo Planejamento Familiar, há vários anos, em Grenoble. Era sobre o amor[1]. Os debates eram abertos ao público, e na sala várias pessoas se referiram ao *Banquete* de Platão: era sempre para se referir ao discurso de Aristófanes, nun-

---

[1]. As atas do colóquio foram publicadas: *Paroles d'amour*, Paris, Éditions Syros-Alternatives, 1991.

ca para evocar o de Sócrates! Isso é tanto mais surpreendente porque, do ponto de vista de Platão, o discurso de Aristófanes é um discurso brilhante, talentoso (claro: foi Platão que o escreveu!), mas falso, vão, mentiroso, ilusório. Aliás, Platão desconfiava dos poetas e detestava Aristófanes. Sim, porque Aristófanes é ao mesmo tempo um personagem, no *Banquete* de Platão mas também, e antes de mais nada, um homem real daquela época, um concidadão de Platão, um poeta. Platão o detestava porque Aristófanes havia cometido o pecado dos pecados: havia escrito uma peça de teatro, *As nuvens*, na qual debochava de Sócrates. E isso, para Platão, aluno e amigo de Sócrates, era evidentemente imperdoável, sobretudo depois da morte do venerado Mestre, injustamente condenado por seus juízes, como todos sabem, a beber cicuta... Debochar de Sócrates torna-se então uma falta irremissível. Está totalmente fora de questão, portanto, que Platão faça Aristófanes dizer a verdade sobre o amor. Quem diz a verdade sobre o amor, como sempre em Platão, é Sócrates, o mestre de Platão, já falecido quando este escreve seus livros, mas por cuja boca Platão não mais deixará de se expressar. Isso explica por que os filósofos, há vinte e quatro séculos, se interessam sobretudo pelo discurso de Sócrates. Mas por que o grande público, por sua vez, retém de preferência o discurso de Aristófanes e quase sempre esquece o de Sócrates? Não é coincidência, claro. Aristófanes descreve o amor tal como gostaríamos que ele fosse: o amor com que sonhamos, o grande amor, "o amor com A maiúsculo", como se diz aos dezesseis anos; e, como isso vai ao encontro dos nossos desejos, das nossas ilusões, lembramo-nos mais facilmente dele. Enquanto Sócrates descreve o amor não como gostaríamos que fosse, mas como é: sempre fadado à carência, à incompletude, ao sofrimento, condenando-nos por isso à infelicidade ou à religião. Como é muito mais difícil, muito mais exigente, tratamos rapidamente de esquecê-lo... Dito isso, os dois discursos são interessantes: o de Aristófanes, porque nos esclarece sobre as nossas ilusões amorosas; o de Sócrates, porque nos esclarece sobre nossas desilusões amorosas, logo, por isso mesmo, também sobre a verdade do amor.

O discurso de Aristófanes: as ilusões do amor

Comecemos pelo discurso de Aristófanes. A ilusão vem primeiro. É dela que precisamos nos livrar para ter uma chance, talvez, de ter acesso ao verdadeiro.

Aristófanes é um poeta; portanto, Platão o faz pronunciar um discurso de poeta. Pouco conceito, muita imaginação. Pouco rigor, muito entusiasmo. Aristófanes vai nos contar uma história, um mito, no caso, isto é, uma história que se passa num tempo primordial, um tempo antes do tempo, como uma origem anistórica ou eterna. Naquele tempo, explica Aristófanes, a humanidade não era de modo nenhum como a vemos hoje. Cada homem, cada mulher era duplo, no entanto de uma unidade perfeita. Por exemplo, os humanos não tinham dois braços e duas pernas, como vocês e eu; tinham quatro braços e quatro pernas. Não tinham rosto, como vocês e eu; tinham dois rostos, um na frente, outro atrás. Não tinham um sexo, como vocês e eu, mas dois sexos. Uns tinham dois sexos de homem, eram os que se chamavam homens; outros tinham dois sexos de mulher, eram os que se chamavam mulheres; outros enfim tinham um sexo de homem e um sexo de mulher, eram os que se chamavam andróginos – em grego, literalmente, homens-mulheres. Foi esse terceiro gênero que mais fez a posteridade divagar, o que explica que se fale com frequência do "mito dos andróginos", muito embora os andróginos não representem mais que uma parte, um terço talvez, da humanidade original. O caso é que esses humanos primordiais, com seus quatro braços, suas quatro pernas, seus dois rostos, sem dúvida seus dois cérebros, seus dois sexos etc., eram de uma força e de uma audácia incríveis, a tal ponto que empreenderam escalar o céu para atacar os deuses. E os deuses não gostaram nem um pouco disso! Foram falar com Zeus, o deus dos deuses, para lhe pedir que interviesse. A primeira ideia de Zeus foi exterminar a humanidade – por exemplo, empregando o raio, para acabar de uma vez por todas com aqueles humanos irritantes! A coisa, no entanto, teve seus inconvenientes. É verdade, os humanos são irritantes; mas, afinal, eles constroem templos para nós, nos fazem preces, sacrifícios, queimam incenso... Homenagens deleitáveis para um deus grego, às quais eles não têm a menor vontade de renunciar. Tanto que Zeus, após madura reflexão, diz a seus colegas divinos: "Tenho uma ideia melhor! Vou cortar esses humanozinhos arrogantes e irritantes em dois, de alto a baixo, pelo meio. Duplo benefício: eles serão duas vezes mais numerosos, o que dará duas vezes mais templos, preces, sacrifícios, incenso; e serão duas vezes mais fracos, já não poderão subir ao céu." Quanto a este último ponto, ele tinha razão: se vocês tentarem escalar até o céu com dois braços e duas pernas, vão ver que não conseguem.

Dito e feito: todos os humanos são cortados em dois, de alto a baixo, pelo meio. E aí está, caro leitor, por que você só tem dois braços e duas pernas, e não quatro. Primeiro mistério desvendado. O problema, claro, é que todos nós fomos amputados, literalmente, da nossa metade: estamos todos divididos em dois, separados de nós mesmos, ao mesmo tempo "duplicados por esse corte", como diz Platão[2], e mutilados por essa duplicação! Adeus unidade perdida, adeus bela completude original!

Passo por cima dos detalhes, para conservar apenas o essencial: desde essa cisão original, que nos fez passar da unidade à dualidade, da completude à incompletude, procuramos perdidamente a metade que nos falta. Eu era um ser humano completo, "de uma só peça", como diz Platão[3]; e tenho de reconhecer que não sou mais que uma metade de humano, que um humano incompleto, inacabado, mutilado, fadado para sempre a sentir falta, como que de um membro fantasma, dessa metade que me tiraram, que me faz falta e me atormenta, e que busco, busco, busco... E, quando me acontece de repente encontrá-la, que alegria, que entusiasmo, que felicidade! Nada mais perturbador, para cada um de nós, do que reconstituir a unidade original perdida, do que reunir as duas partes da "nossa antiga natureza"[4]! Essa alegria, essa felicidade, esse entusiasmo, essa completude reencontrada, é o que se chama amor. Somente o amor, explica Aristófanes, é capaz de "fundir dois seres num só e curar a natureza humana"[5]. Curá-la de quê? Dessa amputação de si que é si. Da separação, da incompletude, da solidão. Aristófanes continua: "Quando um homem, tenha ele interesse por rapazes ou por mulheres, en-

---

2. *Le Banquet*, 191 A (trad. L. Brisson, Platon, *Oeuvres complètes*, Flammarion, 2008, p. 123).
3. *Ibid.*, 191 e (trad. Brisson).
4. *Ibid.*, 191 d, p. 124.
5. *Ibid.* (trad. E. Chambry, Garnier-Flammarion, 1964, p. 51).

contra a sua metade, são um prodígio os arroubos de ternura, de confiança e de amor que se apossa deles; eles gostariam de não se separar mais, nem um só instante!"[6] O que desejam? "Fundir-se o máximo possível um com o outro num mesmo ser, de modo que não se separem um do outro nem de dia nem de noite", a ponto de ser um só, tanto nesta vida como depois da morte[7]. Eis o que é o amor: o desejo de "se unir com o ser amado e se fundir nele, de modo que sejam um só ser em vez de dois"[8]. É essa, conclui Aristófanes, "a maior felicidade que podemos alcançar"[9]!

Essa teoria, ou esse mito, explica muito bem as diferentes orientações sexuais de que a humanidade é capaz. Aqueles de nós que são oriundos de um homem primordial, que portanto tinha dois sexos de homem, já não são, cada um deles, mais que uma metade de homem, por assim dizer, que procura uma metade de homem: constituem o que chamamos de homossexuais masculinos. Os que são oriundos de uma mulher primordial, que tinha dois sexos de mulher, não são mais que uma metade de mulher que procura uma metade de mulher: é o que chamamos de homossexuais femininas. Quanto aos que são oriundos de um andrógino, que possuía ambos os sexos, esses, conforme a metade, não são mais que uma metade de homem que procura uma metade de mulher, ou uma metade de mulher que procura uma metade de homem: é o que chamamos de heterossexuais, categoria que, para Platão, não goza de nenhum privilégio (os melhores, a seu ver, porque

---

6. *Ibid.*, 192 b-c (trad. Chambry).
7. *Ibid.*, 192 d-e (trad. Brisson).
8. *Ibid.*, 192 e (trad. Brisson).
9. *Ibid.*, 193 c-d (trad. Brisson).

"no mais alto ponto dos machos", são os oriundos de um homem primordial, que procuram portanto sua outra metade no gênero masculino)[10]. Eis por que existem, entre nós, esses três tipos de orientação sexual. Segundo mistério desvendado, pelo menos do ponto de vista de Aristófanes. Poderíamos objetar que os bissexuais, em sua teoria, ficam inexplicados. Mas talvez porque, ele poderia responder, eles ainda não encontraram sua metade...

Que Aristófanes se engana ou nos engana

Vocês entendem por que eu dizia que o discurso de Aristófanes apresenta o amor como gostaríamos que ele fosse, como o sonhamos, especialmente quando somos jovens, o amor absoluto, o "grande amor"... Tem todas as características disso. Primeiro, porque é um amor exclusivo: tendo cada um perdido, por definição, somente uma metade (se vocês acham que perderam várias metades, é porque são muito ruins em aritmética), só pode amar, por definição (pelo menos desse amor: *éros*), um único indivíduo. O homem da minha vida, a mulher da minha vida, "minha cara metade", como se diz comumente. Depois, porque é um amor definitivo: uma vez que você encontra a sua "metade" (o termo é encontrado em Platão), é para toda a vida e até, anunciava Aristófanes, para depois da morte. Terceiro, porque é um amor que nos sacia completamente: "a maior felicidade que se pode alcançar", dizia Aristófanes. E, quarto, porque é um amor que põe fim à separação e à solidão: "ser apenas um em vez de dois". Em suma, é o

---

10. *Ibid.*, 191 d – 129 b.

amor fusional, como diriam nossos psicólogos, o amor como sonhamos, ou talvez cuja falta sentimos (deveríamos nos perguntar se a simples ocorrência real desse amor não é um embrião "fundido" no corpo da mãe, antes do nascimento, quando os dois eram apenas um em vez de dois...). Esse amor, se existiu, ficou para trás, definitivamente. Pois, desde o nosso nascimento, devemos reconhecer que somos dois (pelo menos dois), no amor, e nunca um.

É preciso abandonar o mito ou a pureza, pelo menos quando são mentirosos. É o caso aqui. Toda a nossa experiência nega o discurso de Aristófanes. Este prestava ao amor quatro características principais: a exclusividade, a perpetuidade, a felicidade, a fusão. Voltemos rapidamente a cada uma delas.

Aristófanes nos diz, ou nos dá a entender, que o amor é exclusivo, que só podemos amar apaixonadamente um indivíduo. Ora, dentre nós, são muitíssimos os que se apaixonaram por várias pessoas diferentes. "Está bem", vocês dirão, "mas não por várias pessoas ao mesmo tempo!" A observação não altera em nada o essencial: tenha você amado três metades simultaneamente ou sucessivamente, são sempre duas metades a mais. De resto, esses diferentes amores nem sempre são sucessivos: aconteceu a alguns de nós amar apaixonadamente duas pessoas ao mesmo tempo. É o tema de *Uma mulher para dois*, no filme de Truffaut. É cinema? Claro, mas que alguns viveram de verdade. Aliás, se todos os homens que enganam a mulher tivessem com isso deixado de amá-la, a vida seria bem mais simples do que é, principalmente numa época como a nossa em que o divórcio é socialmente bem aceito. Mas o problema de muitos maridos infiéis é que amam a mulher, às vezes apaixonadamente: não suportam a ideia de fazê-la sofrer, nem de deixá-la, nem de que ela os deixe... Disso as mulheres concluem muitas vezes que "os homens são uns covardes". É bem verdade, mas pode-se dizer também que os homens são gentis, o que simplesmente confirma, é uma das chaves da psicologia masculina, que gentileza e covardia não são incompatíveis de modo nenhum... De resto, a recíproca também é verdadeira. Se todas as mulheres que enganam o marido houvessem deixado de amá-lo, a vida seria muito mais fácil, principalmente em nossa época, em que as mulheres, em sua maioria, são financeiramente independentes do marido, já teriam ido embora. Se a mulher continua com o marido, talvez seja por causa dos filhos, mas talvez também porque ama o marido, ou mesmo porque é apaixonada por ele. Por que isso a impediria de amar também seu amante? Mas deixemos isso de lado. O certo, em todo caso, é que a maioria dos adultos se apaixonou várias vezes, na maioria dos casos sucessivamente, por várias pessoas diferentes. Isso vai contra Aristófanes. Não é verdade que o amor seja exclusivo. Por que seria necessário, em nome do amor atual, esquecer ou renegar todos os outros?

Voltemos à segunda característica. Aristófanes pretende que o amor (esse amor: *éros*, a paixão amorosa) é necessariamente definitivo: quando encontramos nossa metade, explicava ele, é para toda a vida, e até para depois da morte... Ora, muitos de nós sabemos, por experiência própria, que não é verdade. Quase todos nós, salvo talvez os mais jovens, vivemos também a experiência do desamor, do fim do amor, da sua extinção, da sua desintegração, da sua cessação brutal ou progressiva. Não vejo em nome do que seria necessário decretar que a experiência do desamor é menos verdadeira do que a experiência da irrupção do amor. Terceira característica: a paixão amorosa daria "ventura e felicidade"[11]. É o que se diz nos romances cor-de-rosa. Mas quem pode acreditar? Sabemos por experiência própria que não é verdade que o amor nos sacie inteiramente. Que não é verdade que o amor, mesmo o amor feliz, baste para a felicidade. É que há mil razões para ser infeliz na vida, independentemente das nossas histórias de amor. O jovem casal que acaba de perder seu filho: por mais que se amem apaixonadamente, ainda assim estão atrozmente infelizes. Mesma coisa se um dos dois fica gravemente doente, ou se vivem na miséria ou na opressão. Amar, ser amado, nunca foi suficiente para a felicidade.

Enfim, quarta característica, a fusão. Aqui também não passa de uma ilusão: sabemos, por experiência própria, que não é verdade que o amor põe fim à separação e à solidão. Em amor, nos dizia Aristófanes, não se é "apenas um em vez de dois"[12]. E toda a nossa experiência nos ensina o contrário: que em amor sempre somos dois – pelo menos dois – e não um! É o que se chama um encontro ou um casal. Mesmo no que mais se aproxima, aparentemente, da fusão aristofanesca, o coito, como dizem os médicos, e mesmo em caso de orgasmos simultâneos (os quais, é bom lembrar, não são os mais frequentes, longe disso), a dualidade permanece intacada: para que haja orgasmos simultâneos, é preciso haver dois orgasmos, e não um; é a condição estrita da simultaneidade. E você nunca saberá o que o outro sentiu, ou ressentiu, enquanto você gozava. É o que se chama separação ou solidão. De resto, quando se é "um em vez de dois", nas coisas do sexo, é o que se cha-

---

11. *Ibid.*, 193 d.
12. *Ibid.*, 192 e.

ma masturbação. A maioria dos nossos contemporâneos (que encontra aí uma parte da liberdade grega) não vê nenhum pecado nisso, mas concorda em pensar que é significativamente menos bom...

Em suma, Aristófanes nos engana, ou se engana. Seu discurso é brilhante, pitoresco, poético, faz sonhar os jovens e as solteironas (a maioria dos homens, ao envelhecer, sonha cada vez menos com o amor: a pornografia os tenta mais), mas é desprovido de verdade. Só nos esclarece sobre nossas ilusões amorosas: porque oferece um resumo cativante e poético delas. Toda a nossa experiência nega o que ele gostaria de nos fazer crer. Numa palavra, ou em três, o discurso de Aristófanes é falso, mentiroso, ilusório: é papo furado!

O discurso de Sócrates: a verdade sobre o amor

É por isso, evidentemente, que Sócrates vai criticá-lo, assim como critica outros participantes. Vocês não se preocupam com a verdade, diz a eles em essência, vocês atribuem ao amor "as qualidades maiores e mais belas possíveis, verdadeiras ou não, não tendo nenhuma importância para vocês as falsidades"[13]. Em outras palavras: vocês são sofistas ou poetas; seus discursos são bonitos, mas só podem convencer ignorantes, não "os que sabem a que se ater"[14]. Sócrates é incapaz desse gênero de elogios: só sabe dizer a verdade, quando a conhece, ou sua ignorância, quando a verdade lhe falta. No caso, sobre o amor, que é

---

13. *Ibid.*, 198 d-e.
14. *Ibid.*, 199 a.

o que ele conhece melhor[15], vai dizer a verdade. Porque a inventou? Claro que não, já que toda verdade é eterna. Porque a descobriu? Também não. Mas porque a ensinaram a ele. Recebeu-a de uma mulher, Diotima, ela mesma perita em amor e que foi sua professora.

É muito raro, em toda a filosofia grega, especialmente na obra de Platão, a verdade vir de uma mulher. E, sem dúvida, não é por acaso que isso ocorra justamente com relação ao amor. Cheguei a dizer, por provocação, que o amor é uma invenção das mulheres. Daí as pessoas às vezes concluírem que não acredito no amor, que o amor para mim não existe... Claro que existe! Se digo que os irmãos Lumière inventaram o cinema, isso não quer dizer que o cinema não existe; isso quer dizer, ao contrário, que ele existe, já que os irmãos Lumière o inventaram e que ele faz parte, então, da realidade comum. Não é preciso ser inventor, nem mesmo cineasta ou cinéfilo, para constatar que o cinema existe! Se digo que Gutenberg inventou a imprensa, não quer dizer que a imprensa não existe; quer dizer, ao contrário, que ela existe, inclusive para aqueles – nós todos – que não a inventaram. Do mesmo modo, quando digo que o amor é uma invenção das mulheres, não quer dizer que o amor não existe: isso supõe, ao contrário, que ele existe, inclusive, é claro, para os homens, mas não existiria se as mulheres não tivessem tomado a iniciativa do amor. O que quero sugerir, dizendo isso, é que uma humanidade exclusivamente masculina (poderia ter ocorrido: a natureza apresenta outros modos de geração que não a reprodução sexuada) nunca teria inventado o amor. O sexo e a guerra sempre teriam sido suficientes – digamos,

---

15. *Ibid.*, 177 d. Ver também 198 d.

para sermos menos incompletos: o sexo, a guerra, os negócios e o futebol sempre teriam sido suficientes! Acontece que para as mulheres, felizmente, o sexo, a guerra, os negócios e o futebol não são suficientes. Assim, elas inventaram outra coisa, que concerne à cultura pelo menos tanto quanto à natureza (mas a cultura faz parte do real, como a humanidade), algo que elas viveram como mães, sem dúvida, muito mais e muito antes do que como amantes ou esposas, algo que chamamos de amor, que elas trataram de ensinar também aos homens (ao filho, ao companheiro), os quais pouco a pouco conseguiram aprender, ao longo dos milênios, a tal ponto que para os mais talentosos quase poderíamos esquecer que se trata de um personagem que foi composto... Dizer que o amor é uma invenção das mulheres não é pretender que o amor não existe, nem que os homens são incapazes de amor; ao contrário, é reconhecer que ele existe, inclusive para os homens (de resto a experiência mostra isso claramente), mas sugerir também que talvez não tivesse existido, pelo menos nas formas que conhecemos, se a parte feminina da humanidade não houvesse tomado a iniciativa de fazê-lo existir. Senhoras, do fundo do coração: parabéns, obrigado e sigam em frente!

O amor como falta

Mas voltemos ao discurso de Sócrates ou de Diotima. Esta última não era apenas uma mulher; era uma sacerdotisa. E certamente também não é por acaso que, sobre o amor, a verdade vem de uma mulher que também é sacerdotisa – que o amor tem alguma coisa a ver, desde o início, com a religião.

O AMOR

O que Diotima revelou a Sócrates? O que é o amor para ela e para ele? A resposta cabe numa dupla equação:

Amor = desejo = falta

É a fórmula mágica de Platão, e talvez da humanidade. Só que não se trata de magia e com isso nos separamos da felicidade e de nós mesmos. Mas não nos apressemos. O amor é desejo (primeira equação) e o desejo é falta (segunda equação). É daí que convém partir. Todo amor, explica Sócrates, é amor por alguma coisa, que ele deseja e lhe faz falta: "O amor ama aquilo que lhe falta e ele não possuiu"[16], ele deseja "aquilo de que não dispõe e que não está presente."[17] Como se poderia desejar o que se tem ou o que se é?[18] Platão crava o prego: "O que não temos, o que não somos, o que nos falta, são esses os objetos do desejo e do amor."[19] É por isso que, para Platão, o amor não é Deus – já que o divino não sente falta de nada. O amor não é Deus, mas um intermediário, um mediador, um demônio (*daimon*), mas um bom demônio, não um diabo, é antes uma espécie de anjo, no sentido etimológico da palavra: um mensageiro ou um intérprete entre os deuses e os homens[20]. Resumindo, Aristófanes não entendeu nada: o amor não é completude mas incompletude; não é fusão mas busca; não é perfeição plena mas pobreza devoradora. Só desejamos aquilo de que não dispomos, o que não é "nem atual nem presente"[21]: só desejamos o que falta! "Temos de viver num deserto", dirá a grande platônica do sé-

---

16. *Ibid.*, 201 a-b.
17. *Ibid.*, 200 e.
18. *Ibid.*, 200 c.
19. *Ibid.*, 200 e.
20. *Ibid.*, 202 d – 203 a.
21. *Ibid.*, 200 e.

culo XX, "porque aquele que temos de amar está ausente."²² Esse deserto é o mundo; essa ausência é Deus. Abismo do platonismo: o ser está alhures! o ser é o que falta! Releiam o mito da caverna²³. É esse abismo – como um mundo que inventaria um céu para si – que o amor em nós escava incessantemente.

Deixemos a metafísica, de que falei em outra ocasião²⁴; voltemos à nossa vida afetiva. Ao ler Platão, compreendemos por que é tão fácil se apaixonar e tão difícil, na vida de casal, continuar apaixonado. Esse é outro abismo, menos profundo e mais pesado.

O amor é desejo; o desejo é falta. Acrescentaria simplesmente: é por isso que tantas vezes a felicidade falta; é por isso que, como diz o poeta, "não há amor feliz"²⁵! Aqui me afasto de Platão, pelo menos o modernizo um pouco, digamos que tiro as lições dele. Meu propósito é de filósofo, não de historiador. É agora que temos de viver; é agora que temos de amar. Platão só me interessa na medida em que pode nos ajudar, ainda que seja esclarecendo nossos fracassos. O caso é exatamente esse. Minha ideia, para dizê-la resumidamente, é que, na medida em que Platão tem razão, na medida em que o amor é falta, ou mais exatamente na medida em que damos razão a Platão, em nossas histórias de amor, na medida em que sabemos amar ou desejar o que nos falta, inevitavelmente damos razão também a

---

22. Simone Weil, *La pesanteur et la grâce*, "Celui qu'il faut aimer est absent", Plon, 1948, reed. 10-18, 1979, p. 112.
23. *República*, VII, 514 a – 250 e.
24. Ver meus *Tratado do desespero e da beatitude*, 1, VI-VII; 2, II; 3, 1, e *Viver*, 1, I-IV e 2, IV, Martins Fontes, 1997 e 2000.
25. Louis Aragon, *La Diane française*, "Il n'y a pas d'amour heureux" (Seghers, 1945). Esse poema, que é belíssimo, foi popularizado na França por Georges Brassens, que o musicou e interpretou.

Louis Aragon. Se o amor é falta (Platão), não há amor feliz (Aragon).

Por quê? O que é a felicidade? O que é ser feliz? A resposta de Platão (Epicuro diz a mesma coisa, Kant diz a mesma coisa, cada um de nós poderia dizer a mesma coisa) é que ser feliz é ter o que se deseja[26]. Não necessariamente tudo o que desejamos, porque sabemos que desse modo nunca seremos felizes; mas ser feliz, afinal, é ter uma boa parte, talvez a maior parte, do que desejamos. Aliás é o que confirmam nossos dicionários: felicidade é satisfação, gozo, plenitude. É assim que o desejo nos separa dela no mesmo movimento que a ela tende. Se o desejo é falta, só desejo, por definição, o que não tenho; e, se só desejo o que não tenho, nunca tenho, por definição, o que desejo. Portanto, nunca sou feliz, pois ser feliz é ter o que se deseja.

Não é que nenhum dos nossos desejos jamais é satisfeito, claro. A vida, felizmente, não é tão difícil assim. Mas, desde que um de nossos desejos é satisfeito, já não há falta, logo já não há desejo (uma vez que o desejo é falta). De modo que você não tem o que deseja (uma vez que já não há falta, já não há desejo), mas o que você *desejava* antes, na época em que não o tinha. Sinto muito por você: ser feliz não é ter o que se desejava; ser feliz é ter o que se deseja. E o que você tem não é o que você *deseja*, é o que você *desejava* antes, na época em que não tinha. É por isso que você não é feliz.

---

26. *O banquete*, 204 e – 205 a (não se conclua disso, evidentemente, que a felicidade, para o platonismo, esteja apenas no prazer: ver *Górgias*, *passim*, e principalmente *Filebo*, 60 b – 67 b). Ver também Epicuro, *Carta a Meneceu*; e Kant, *Fundamentos da metafísica dos costumes*, II, e *Critique de la raison pure*, "De l'idéal du souverain bien", AK, III, 523-524, Pléiade, t. I, pp. 1365-6.

Não gostaria de magoar aqueles de vocês que são plenamente felizes, se é que os há. Não é a mim que eles contradizem, é a Platão. Mas como dão razão a Aristóteles e a Espinosa, como veremos, felicito-os antecipadamente, agradeço-lhes antecipadamente (já que dão razão a mim também); peço-lhes apenas cinco minutos de paciência, o tempo necessário para que eu explique – aos outros, claro! – por que os outros não são felizes.

Minha ideia, como vocês já entenderam, é que estamos quase todos ora para Platão ou Schopenhauer – voltarei a isso – ora para Aristóteles ou Espinosa, ora felizes, ora infelizes, na maior parte das vezes talvez no entremeio que separa ou une os dois estados; mas justamente: para compreender o funcionamento desse entremeio, que é nossa vida real, com seus altos e baixos, o que Proust chamava de "as intermitências do coração", é importante pensar primeiro a lógica de cada um dos dois polos que estruturam seu espaço. Pois bem, aqui vai: o polo de Platão é o polo da falta. Na medida em que só desejo o que não tenho, nunca tenho o que desejo. Como eu poderia ser feliz? É aí que passamos de Platão a Aragon: se Platão tem razão, se o amor é desejo e se o desejo é falta, Aragon também tem razão, "não há amor feliz".

Três exemplos

Três exemplos para ilustrar esse ponto. O primeiro me diz respeito pessoalmente, pois sou filósofo. Sou filósofo: estudei filosofia. Isso quer dizer que, durante cinco anos da minha vida, o objeto desejável, pelo menos desse ponto de vista, foi o concurso para professor de filosofia. Confesso: passei cinco anos da minha vida me dizendo, regularmente: "Como eu seria feliz se fosse professor de filosofia!" Ou, nos dias de otimismo: "Como eu serei feliz no dia em que for professor de filosofia!" Fiz o concurso, conforme o previsto, no fim do quinto ano. Passei. Sinceramente, o que vocês pensariam de mim se eu dissesse: "Sou feliz porque sou professor de filosofia"? Vocês diriam: "Esse cara é um cretino." Evidentemente teriam razão. Isso nos ensina uma coisa muito esclarecedora, embora muito sombria, não apenas sobre os concursos de admissão, que não têm tanta importância assim, mas sobre a condição humana: isso nos ensina que ter o título de professor concursado de filosofia, como qualquer outro título (deixo vocês adaptarem ao *cursus* de cada um), não pode trazer a felicidade... a não ser de alguém que não o tem. Infelizmente: o título não traz a felicidade a ele, porque ele não tem o título (e o título lhe falta se ele o deseja)! E o título não me traz felicidade, já que o tenho e, por conseguinte, ele já não me falta, o que me torna incapaz de desejá-lo. Em suma, como poderia dizer Aragon: não há professor concursado feliz!

O segundo exemplo é mais grave: é o exemplo do trabalho. Imaginem por exemplo um assalariado, qualquer que seja sua profissão, que obteve um emprego, há seis meses, numa determinada empresa. Era o fim de dezoito meses de desemprego, dezoito meses de tormento. Durante dezoito meses, todas as noites, todas as manhãs, ele repetia para si mesmo: "Como eu seria feliz se arranjasse um emprego!" E, seis meses atrás, ele foi contratado por uma determinada empresa: salário razoável, trabalho em período integral, por tempo indeterminado... Que felicidade! Enfim, a felicidade... O problema, claro, é que, desde que conseguiu emprego nessa empresa, o trabalho não lhe falta mais. Ele tem trabalho, tem trabalho até demais: está cheio de trabalho e, logo, está cheio do trabalho! Porque, se o desejo é falta, a partir do momento em que o trabalho já não lhe falta, ele já não deseja trabalhar. O que ele deseja, como todo o mundo, são os fins de semana, as férias, a aposentadoria... E, como o amor é desejo, se ele já não deseja trabalhar, isso significa também que ele não gosta do [ama] seu trabalho. Como todo o mundo, ele gosta do [ama] tempo livre, do descanso, do lazer... Que tormento ter de ganhar a vida! Preferiria ganhar na loteria e viver de renda... Em suma, o que Platão nos ajuda a compreender, que revela muito sobre o trabalho e sobre a condição humana, é que o trabalho não pode trazer a felicidade... a não ser para um desempregado. Infelizmente, o trabalho não lhe traz felicidade porque ele está desempregado, já que lhe falta trabalho e ele sofre com essa falta! E o trabalho não traz felicidade aos empregados porque eles têm trabalho, que por conseguinte não lhes falta, o que os torna incapazes de desejá-lo ou de gostar dele [amá-lo]. Em suma, como também poderia dizer Louis Aragon: não há trabalho feliz.

O terceiro exemplo é o amor, no sentido mais comum do termo: o encontro amoroso, a paixão, o casal. Por que, no fundo, o que significa enamorar-se, do ponto de vista de Platão? Significa que uma certa ausência ou que a ausência de uma certa pessoa se apossou de você, como um vazio que se abre em você ou no mundo, e o subjugou... Enamorar-se, na linguagem platônica, é descobrir que alguém nos falta terrivelmente, alguém cuja posse, segundo acreditamos, bastaria para nos satisfazer. Até então, você estava bem, sossegado, não lhe faltava nada... Aí, um belo dia, em casa de uns amigos comuns, pimba! O arrebatamento:

você se apaixona por aquele homem, por aquela mulher que lhe faz uma falta terrível; você já não suporta viver sem ele ou sem ela – você se apaixonou! Se você é solteiro, é uma boa notícia: é complicado, claro, mas a vida se torna mais interessante, mais poética, saborosa... Se você é casado, é uma espécie de catástrofe e uma fonte de dores de cabeça mais ou menos indefinidas... Para a simplicidade do meu modelo, vou supor que você é solteiro. Mas não posso garantir que isso só acontece com solteiros.

Então você é solteiro e acaba de se apaixonar. Isso não lhe deixa muita escolha: você vai tratar de seduzir essa pessoa. Aí, de duas uma: ou você consegue, ou não consegue. Se você não consegue, a falta continua, o sofrimento continua, você tem a sensação de ter passado ao largo da felicidade... É o que se chama decepção amorosa: você ama alguém que não o ama. Mas e se você consegue seduzir essa pessoa? Ela também o ama; ela se entrega a você. Vocês se juntam, se casam talvez, têm filhos... Ai! De tanto estarem juntos todas as noites, todas as manhãs, de tanto compartilharem a vida e a cama, essa pessoa, inevitavelmente, vai lhe fazer cada vez menos falta. Não que ela não seja boa para você: é que ela está presente, simplesmente; é que ela não lhe falta mais. O problema, de que você toma consciência pouco a pouco, é que, se o desejo é falta, a partir do momento em que essa pessoa lhe faz cada vez menos falta, pois vive com você, você a deseja cada vez menos. Chega a ser espantoso: seis meses antes, ou seis anos, para alguns – cada um com seu tempo –, você a desejava mais que todas as outras; e seis meses ou seis anos mais tarde, a primeira mulher bonita e com pouca roupa que passa pela rua, meus caros, ou o primeiro homem meio sedutor e misterioso cujo olhar cruza o seu, minhas caras, lhes parece de repente tão mais desejável! Não é apenas uma questão de hormônios: se o amor é desejo, o fato de você a desejar menos significa também que você a ama cada vez menos. Você está casado faz seis meses ou seis anos, conforme o caso, e uma bela noite, ou uma triste manhã, você se pergunta: "No fundo, será que continuo apaixonado por ela? Será que continuo apaixonado por ele?" A resposta é não, claro; senão você não se faria essa pergunta.

Atenção: isso não quer dizer necessariamente que você já não a ama. Quer dizer que você já não a ama daquele modo: você já não sente falta, já não está com Platão, já não está apaixonado, no sentido mais comum e próprio da expressão. Isso pode querer dizer que você já não a ama, são coisas que acontecem, mas pode querer dizer também que você a ama de outro modo – voltarei a isso na segunda parte –, que você passou da falta à alegria, do amor-paixão ao amor-ação, do amor a que nos submetemos ao amor que fazemos e construímos.

Mas não vamos nos apressar. O que Platão nos ajuda a compreender e que diz muito sobre a dificuldade da nossa vida amorosa é que a vida de casal não pode trazer a felicidade... a não ser a um solteiro. Ela não lhe traz felicidade, já que o solteiro vive sozinho; nem aos casais, já que eles vivem juntos.

É aí que a armadilha se fecha. Vocês desejam viver juntos porque estão apaixonados; depois deixam de estar apaixonados porque vivem juntos.

Que fazer? A partir do momento em que você já não está apaixonado, só há uma escolha, para dizê-lo em termos filosóficos: ou você vai descer de Platão a Schopenhauer, e isso dói (para os que não leram Schopenhauer, podemos dizer que vai cair de Platão em Michel Houellebecq: dá na mesma, pois esse romancista é um discípulo de Schopenhauer, só que isso dói mais ainda), ou você vai subir de Platão a Aristóteles, de Platão a Espinosa. Mas ainda não é hora de empreender essa ascensão. Antes que Aristóteles e Espinosa o ajudem a salvar seu casamento, se valer a pena, vamos tomar um tempo, com Platão e Schopenhauer, para compreender que há de fato alguma coisa a salvar, que, como se diz, há algum problema. Que problema? O seguinte: não se pode sentir falta do que se possui, ou antes (porque ninguém pode possuir um ser humano), não se pode sentir falta do que não falta. É aí que se passa de Platão a Schopenhauer, da falta ao tédio.

Vou dar um salto considerável na história da filosofia (do século IV antes de Cristo, na Grécia, ao século XIX depois, na Alemanha), mas um salto que não é incoerente, pois Schopenhauer sempre se inscreveu muito expressamente na grande linhagem platônica, sempre se pretendeu discípulo, embora heterodoxo, de Platão. No caso, o autor de *O mundo como vontade e como representação* resume numa frase tudo o que acabo de explicar, numa frase que, sempre digo, é a mais triste de toda a história da filosofia. Logo teremos chegado ao fundo; só nos restará tentar subir de volta.

Da falta ao tédio

Quando você deseja o que não tem, sofre com essa falta: é o que Schopenhauer, como todo o mundo, chama de sofrimento. Você está com fome, não tem o que comer: sofrimento. Você está com sede, não tem o que beber: sofrimento. Você procura um trabalho, não encontra: sofrimento. Você precisa de dinheiro, não tem: sofrimento. Você está apaixonado, o outro não o ama: sofrimento. Compreende-se por que Schopenhauer tanto invocou o Buda: toda vida é sofrimento e a causa desse sofrimento é a falta ("a sede", nos textos budistas), essas são as duas primeiras "verdades santas" do sermão de Benares, e o ponto de partida do pessimismo schopenhaueriano. A falta, todavia, não é tudo: nem sempre estamos com fome ou sede, nem sempre estamos desempregados ou na miséria, nem sempre estamos apaixonados... O que acontece quando já não há falta, quando você tem o que, por conseguinte, não lhe falta? Já não há sofrimento, uma vez que já não há falta. Não é felicidade, pois já não há desejo. Esse estado não é nem o sofrimento nem a felicidade, é o que Schopenhauer chama simples e propriamente de *tédio*.

O que é o tédio? É a ausência de felicidade no próprio lugar da sua presença esperada. Você tinha um encontro marcado com a felicidade. Você dizia a si mesmo: "Como serei feliz quando tiver esse título, essa profissão, esse homem ou essa mulher, esse trabalho ou essa casa!" E eis que você tem o título, a profissão, o homem ou a mulher, o trabalho e a casa; nem por isso você está feliz. Você tinha um encontro marcado com a felicidade. A felicidade não veio ao encontro: a felicidade deu bolo em você. Você está infeliz? Não. Você já não está sofrendo, você tem o título, o trabalho, o homem, a mulher, a casa que desejava... Você não é infeliz. Também não é feliz. Você está entediado.

Schopenhauer resume o essencial numa frase, dizia eu, a meu ver a mais triste de toda a história da filosofia. Ei-la: "Toda a nossa vida oscila, como um pêndulo, de um lado para o outro, do sofrimento ao tédio."²⁷ Sofrimento, porque desejo o que não tenho, e sofro com essa falta; tédio, porque tenho o que por conseguinte já não desejo. Sofrimento do desempregado, tédio do assalariado. Sofrimento da angústia amorosa, tédio do casal.

Isso me faz lembrar uma linda canção de Claude Nougaro, *Une petite fille en pleurs dans une ville en pluie* [Uma menina chorosa numa cidade chuvosa]: ele está correndo atrás da sua jovem esposa, que ele desconfia estar pretendendo se suicidar ("Onde fica o Sena?"), de tanto que está insatisfeita com o casamento deles, de tanto que está entediada ou teme entediá-lo...

> "'*Tu m'aimes vraiment, dis-moi,*
> *Tu m'aimes, tu m'aimes, tu m'aimes?'*
> *C'est tout de qu'elle sait dire!*
> *En bouffant, en me rasant,*
> *Quand je voudrais dormir,*
> *Faut lui dire que je l'aime!*"*

Pois é: ela queria que ele continuasse apaixonado por ela, que a amasse como no primeiro dia, o que talvez lhe permitisse, pelo menos é o que ela acredita, continuar apaixonada por ele! Como seria possível? Nougaro, na mesma canção, colocou estas duas estrofes formidáveis:

---

27. Schopenhauer, *Le monde comme volonté et comme représentation*, IV, 57, trad. Burdeau-Roos, PUF, 1978, p. 394. Ver também o quadro assustador que Platão faz da paixão amorosa e das suas desilusões em *Fedro*, 238 e – 241 d.

* Tradução literal: "Você me ama mesmo, diga, / você me ama, você me ama, você me ama?" / É tudo o que ela sabe dizer! / Quando come, quando me barbeio, / quando quero dormir, / tenho que dizer que a amo!

*"Parce qu'elle avait rêvé
Je ne sais quel amour
Absolu, éternel,
Il faudrait ne penser
N'exister que pour elle
Chaque nuit chaque jour*

*Voilà ce qu'elle voudrait,
Seulement y'a la vie,
Seulement y'a le temps,
Et le moment fatal
Où le vilain mari
Tue le prince charmant."**

O que me interessa, nestes dois últimos versos, é que evidentemente o "marido malvado" e o "príncipe encantado" são o mesmo homem. Como aquele pode matar este? Deve haver uma diferença entre um e outro. Mas qual? Esta, muito simples: o "príncipe encantado" é o marido que falta; o "marido malvado" é o "príncipe encantado" quando já não falta.

Não é de espantar que a vida de casal seja difícil! Estar apaixonado, amar aquele ou aquela que não temos está ao alcance de qualquer um: qualquer adolescente de quinze ou dezesseis anos é capaz disso, pode até se apaixonar por um cantor ou uma estrela do cinema com quem nunca se encontrou. Estar apaixonado, amar quem não temos é facílimo. Amar, não diria aquele que temos, porque ninguém

---

* Tradução literal: "Porque ela sonhou / com não sei que amor / absoluto, eterno, / eu só tinha que pensar / existir para ela / cada noite cada dia // Era o que ela queria, / só que existe a vida, / só que existe o tempo, / e o momento fatal / em que o marido malvado / mata o príncipe encantado.

pode possuir um ser humano, mas amar aquele que existe, amar aquele cuja vida compartilhamos, aquele que não falta, isso já é muito mais difícil! Lembro-me do filme com Folon, *Un type comme moi ne devrait jamais mourir* [Um cara como eu nunca deveria morrer]. O personagem interpretado por Folon pronuncia esta frase, que sempre me pareceu instigante e profunda: "Quando não estou sozinho, digo a mim mesmo: 'Ah, se eu fosse livre!' E, quando estou livre, estou sozinho..." Pois é. Ele vê passar na rua uma bela mulher. Se está casado, pensa: "Ah, se eu fosse livre!" A passante o atrai tanto mais porque ele não a conhece. Sua esposa, tanto menos porque a conhece demais. Mas, se ele está livre, é porque está só: a falta é mais total ainda, e ei-lo sonhando com o amor e uma vida a dois...

O que Platão e Schopenhauer nos ajudam a compreender é a dificuldade da vida de casal. O que é um casal infeliz? É um casal que caiu de Platão para Schopenhauer, ou de Platão para Michel Houellebecq: quando já não há falta, só resta o tédio. Nietzsche, como bom discípulo de Schopenhauer (embora também heterodoxo), dará a fórmula desse fracasso: "Muitas loucuras breves, eis o que vocês chamam de amor; e a essas breves loucuras o casamento põe fim, por uma longa tolice."[28]

Você se apaixonou, dizia eu; você trata portanto de seduzir essa pessoa que lhe falta, que você acha parecida com a felicidade. E aí, de duas, uma: ou você consegue, ou não consegue. Se não consegue, a falta continua, o sofrimento continua: é o que se chama de frustração amorosa. Mas e se você conseguir seduzir essa pessoa? Ela também o ama; vocês se juntam, vivem juntos; há cada vez menos

---

28. *Assim falava Zaratustra*, I, "Do filho e do casamento".

falta, cada vez menos desejo, cada vez menos amor; vocês se entediam; é o que se chama um casal.

Tem uma coisa que Platão não explica, ou quase não explica: é que às vezes existem casais felizes. Isso é, para mim, uma forte razão para amar os casais quando são felizes, e para não ser platônico.

O que Platão tampouco explica é que às vezes existem trabalhadores felizes; isso para mim é uma forte razão para amar o trabalho, quando ele é feliz, e para não ser platônico.

Necessitaremos portanto de outra teoria do amor e do desejo. Trata-se de escapar de Platão e de Schopenhauer, se conseguirmos. Estou convencido de que eles dizem uma parte da verdade sobre o amor, e é o que procurei fazer vocês entenderem; mas também estou convencido de que eles não a dizem por inteiro.

"O verdadeiro caminho do amor"

Qual a saída? Tentarei propor a minha, ou a que acredito ter encontrado em Aristóteles e Spinoza. Mas tentemos primeiro, por honestidade, ver se há uma saída para o próprio Platão. Pois bem, sim, há uma saída; há até duas, sendo que a primeira me parece um tanto decepcionante, e a segunda excessivamente exigente.

A primeira saída se apoia na própria essência do amor, mas em sua relação com o tempo. Eros não deseja apenas possuir o bem (já que ele é falta). Ele deseja possuí-lo sempre: ele é "desejo de posse eterna"[29]. É por isso que todo

---

29. *Op. cit.*, 207 a.

amor é "amor à imortalidade"[30]. Ele quer durar sempre, possuir sempre, gozar sempre. Mas como, se somos mortais? Platão responde: pela geração ou pela criação. O amor, em sua verdade, é como "um parto a termo"[31]: ele tende ao "parto na beleza, segundo o corpo e segundo o espírito"[32]. Ele é "o amor da geração e do parto no belo"[33]. Em suma, a saída do amor é a criação ou a procriação, a arte ou a família: fazer obras ou filhos, que normalmente sobrevivem a nós, a fim de alcançar, por eles, a única imortalidade que nos é acessível. Saída um tanto decepcionante, me parece, ao mesmo tempo para os indivíduos, já que isso não os impede de morrer, e para os casais, já que os filhos, embora sejam uma saída possível para o casal, como a obra é para o indivíduo, nunca foram suficientes, como todos sabem, para salvá-lo... Em suma, é uma saída, pode-se dizer, mas não uma salvação: uma saída que parece muito um beco sem saída.

A segunda saída que Platão propõe é muito mais exigente. Ela é tão exigente que poderia ser fatal, na prática, para a maioria dos casais. É o que se chama de "dialética ascendente" do *Banquete* (a expressão não se encontra em Platão, mas é fiel à letra e ao espírito do seu texto)[34]. O que Sócrates ou Diotima vão nos propor é subir por graus de um amor a outro, do amor mais baixo, que também é o mais fácil, ao amor mais elevado, que é também o mais raro e o mais exigente.

Qual é o amor mais fácil? O que há de mais fácil de amar é um corpo bonito. Não quer dizer que isso seja ruim

---

30. *Ibid.*, 206 a – 207 a.
31. *Ibid.*, 206 b (trad. Brisson).
32. *Ibid.*, 206 b-e (trad. Chambry).
33. *Ibid.*, 206 e (trad. Chambry).
34. *Ibid.*, 208 e – 212 c. É o trecho que resumo nas páginas seguintes.

(estamos na Grécia: tudo o que é belo é bom), mas simplesmente que não há nada de meritório nisso. Qualquer um é capaz de amar um corpo bonito. É o mais baixo grau do amor, o que podemos chamar de amor sensual. Não é nem condenável nem admirável. Amar um corpo bonito? Nada mais normal, nada mais fácil: qualquer cafajeste é capaz disso! Vê uma moça passar na rua e diz a si mesmo, em seu linguajar: "Olha essa boazuda! Que avião!" Desculpem a vulgaridade das palavras, que só visam expressar a vulgaridade da coisa. As mulheres, acho, não se deixam enganar. Poucas são indiferentes a esse amor. Nenhuma se contentaria com ele.

Subamos um degrau. O que Platão diria ao cafajeste, ou simplesmente àquele que sente o amor sensual, logo a todos nós, neste mais baixo grau, seria mais ou menos o seguinte: "Você ama esse corpo bonito, e tem toda razão; mas o que você ama nele não é o corpo, é a beleza do corpo; logo, a lógica do seu amor, que faz você subir um degrau, é amar igualmente todos os corpos bonitos." Segundo grau da dialética ascendente: amar todos os corpos bonitos. Vocês estão vendo quanta exigência, desde o início: não tenho certeza de que seu companheiro ou sua companheira goste de que você ame, por fidelidade ao amor, todos os corpos bonitos. E você aceitaria isso do seu parceiro? Ou prefere que ele seja fiel a você, e não à beleza ou ao amor?

E a exigência é tanto maior, no caso, porque amar todos os corpos bonitos é amar corpos que, na maioria das vezes, jamais desfrutaremos: é amar mais a beleza que a posse, portanto mais o gozo estético que o gozo sexual. É nesse sentido que é um progresso: passou-se de um amor puramente sensual, quase fisiológico (a necessidade do macho), a um amor estético (a sede da beleza). Num caso, é o cafajeste que diz: "Que avião!"; no outro, é o homem refinado e fascinado que diz: "Como as mulheres são belas!" Qualquer um é capaz de amar um corpo bonito; os homens que amam de verdade a beleza das mulheres são menos numerosos do que se acredita, inclusive entre os heterossexuais.

Sim, diria Platão, mas há uma coisa ainda mais bela do que os belos corpos: as belas almas! É o terceiro grau da dialética ascendente: amar as belas almas, o que poderíamos chamar de amor à beleza psicológica. Isso vai ao encontro de uma coisa importante, para Platão e sem dúvida para os atenienses daquela época: o fato (em si contingente, mas que seus contemporâneos podiam julgar chocante ou paradoxal) de que Sócrates era feio. Ora, os gregos punham a beleza acima de tudo. Como é que o melhor de todos os atenienses, aquele homem que era um sábio e quase um santo, como se dirá mais tarde, era tão feio? Esse choque talvez esteja na origem do platonismo. Para alcançar o terceiro grau, explica Platão, é preciso "considerar a beleza das almas mais preciosa do que a beleza dos corpos, de modo que uma bela alma, mesmo num corpo mediocremente atraente", seja suficiente para atrair nosso amor e nossos cuidados[35]. É mais ou menos o que dirá Alcibíades no fim do *Banquete*. Alcibíades é um jovem ateniense, talvez o mais belo de todos os gregos da época, que explica estar apaixonado por Sócrates, não por seu corpo, claro, que não tem nada de atraente, mas por sua alma. É sempre o eros, mas espiritualizado: passamos da estética à ética.

---

35. *Ibid.*, 210 b-c.

Daí um quarto grau, que mais prolonga o precedente, talvez, do que dele se distingue: o amor à beleza "que está nas ações e nas leis"[36]. É o que se poderia chamar de amor à beleza moral, ou mesmo à beleza política, e nunca pude ler essa passagem sem sentir um pouco de nostalgia: o fato de que as ações e as leis também podem ser belas (beleza moral, beleza política) diz algo de essencial sobre a luz grega, e sobre o que nos separa dela.

Porém, ainda há algo mais belo que a beleza das belas ações ou das belas leis, há algo mais belo do que a beleza psicológica, moral ou política: é a beleza das ciências, o esplendor da verdade. "*Splendor Veritatis*", como se diria em latim, o que será muito mais tarde o título de uma das encíclicas de João Paulo II, "Esplendor da verdade". Uma bela demonstração, uma bela teoria... Isso também é bem grego: beleza do conhecimento, beleza da verdade, beleza da razão!

Enfim, sexto e último grau: há ainda algo mais belo que a beleza do verdadeiro, é o Belo em si. É onde Platão fica lírico e deixa de ser simplesmente grego para se fazer platônico:

> Aquele que guiamos até aqui no caminho do amor, depois de ter contemplado as belas coisas numa gradação regular, chegando ao termo supremo, verá de repente uma beleza de natureza maravilhosa, a mesma que era a meta de todos os seus trabalhos anteriores, beleza eterna, que não conhece nem o nascimento nem a morte, que não passa por crescimento nem diminuição, beleza que não é bela de um lado, feia de outro, bela num tempo, feia em outro, bela sob um aspecto, feia sob outro, bela em determinado lugar, feia

---

36. *Ibid.*, 210 c.

em outro, bela para uns, feia para outros; beleza que não se apresentará a seus olhos como um rosto, nem como mãos, nem como uma forma corporal, nem como um raciocínio, nem como uma ciência, nem como uma coisa que existe em outra, por exemplo, num animal, na terra, no céu e numa outra coisa qualquer; beleza que, ao contrário, existe em si e por si, simples e eterna, da qual participam todas as outras belas coisas, de tal sorte que seu nascimento ou sua morte não lhe traga nem aumento, nem diminuição, nem alteração de nenhuma espécie.[37]

Sexto e último grau do amor: amar o Belo em si, o Belo absoluto. Compreende-se o uso que os cristãos poderão fazer de tal "dialética ascendente": a única beleza absoluta, para eles, é a de Deus. Nietzsche não estava errado, ou não completamente, ao dizer que o cristianismo era o platonismo do pobre. Com uma diferença, no entanto: o amor, em Platão, é um caminho para o Belo, ao passo que a beleza, para um cristão, é antes um caminho para o amor, que só é belo ou bom absolutamente.

Isso também explica o sentido, hoje, da expressão "amor platônico", para designar um amor puramente ideal ou espiritual, que renunciaria a toda satisfação sexual. Não é fiel à letra do platonismo, e é até uma espécie de contrassenso, já que não há em Platão nenhuma condenação ao amor físico. Amar um corpo bonito, para um grego em geral e para Platão em particular, é perfeitamente legítimo. Mas o contrassenso é apenas parcial, porque a lógica do amor, para Platão, é nos elevar, de falta em falta, do amor mais fácil e mais baixo, que é o amor sensual a um corpo

---

37. *Ibid.*, 210 e – 211 b (trad. Chambry). Ver também o segundo discurso de Sócrates (sua "palinódia"), em *Fedro*, 244 a – 257 b.

bonito, ao amor mais elevado, mais exigente e mais puro, que é o amor ao Belo em si, poderíamos quase dizer o amor ao divino. Se o amor é falta, é lógico só amar absolutamente o que falta absolutamente, em todo caso neste mundo, o que só existe "além da essência"[38], "acima do céu"[39] (portanto de forma transcendente) – o Belo em si ou Deus. É um percurso iniciático, que passa pelo desejo sexual mas não pode reduzir-se a ele:

> Quando, por um amor aos jovens, é claro, nos elevamos das coisas sensíveis a essa beleza e começamos a percebê-la, estamos prestes a alcançar o fim; porque o verdadeiro caminho do amor, quer o sigamos por nós mesmos, quer nos deixemos guiar por ele, é partir das belezas sensíveis e subir incessantemente ao encontro dessa beleza sobrenatural passando como que por escalas de um corpo bonito a dois, de dois a todos, depois dos belos corpos às belas ações, depois das belas ações às belas ciências, para chegar das ciências a essa ciência que nada mais é que a ciência da beleza absoluta e para conhecer enfim o Belo tal como é em si.[40]

Vê-se que é um caminho exigente, para os casais, desde o início (amar todos os corpos bonitos é algo que poucos casais são capazes de viver) e mais ainda na chegada, já que desemboca numa espécie de amor místico. É uma saída possível, e uma salvação talvez, mas uma saída por cima, em direção à transcendência, e uma salvação mística. Duvido que isso baste para salvar nossas histórias de amor.

---

38. *República*, VI, 509 b.
39. *Fedro*, 247 c.
40. *O banquete*, 211 b-c (trad. Chambry). Os mesmos temas se encontram em *Fedro*, 244 a – 257 b.

Se quisermos salvar nossas histórias de amor, ou simplesmente compreender como podem existir, às vezes, casais felizes, necessitamos de outra coisa. Nem as obras, nem a família, nem a religião são suficientes. Como os amantes podem ser felizes? Platão não explica. Eles vivem juntos; mas, se vivem juntos, não carecem um do outro, portanto não se desejam (uma vez que o desejo é falta), portanto não se amam mais (uma vez que o amor é desejo). Mas viver com alguém que já não amamos não é a felicidade, é a infelicidade ou o tédio... E no entanto sabemos por experiência própria – por experiência direta no caso de alguns, indireta de outros – que às vezes existem casais felizes, mesmo sem filhos, sem obras e sem religião. E, como Platão não explica isso, em todo caso não de forma satisfatória, necessitamos de outra teoria do amor. É o que me leva à minha segunda parte. Não há amor feliz nem felicidade sem amor. Isso supõe que o amor, assim como o ser[41], se diz em vários sentidos.

---

41. Sobre o ser, ver Aristóteles, *Metafísica*, Γ, 2, 1003 a-b. Comparar com o que diz Aristóteles sobre as diferenças da palavra *"philía"*, na *Ética eudemeia*, VII, 1, 1234 b; 2, 1236 a; ou 7, 1240 b.

II
Philía
ou a alegria de amar

Segundo nome grego do amor: *philía*. O que ele designa? Um amor, mais uma vez, mas não a paixão amorosa. Costuma-se traduzir *philía* por "amizade"; é a tradução tradicional, e não conheço outra melhor. Apesar disso, não é completamente satisfatória. Porque *philía* em grego é amizade, de fato, mas num sentido muito mais amplo do que em francês.

Por exemplo, quando Aristóteles quer descrever o amor entre os pais e os filhos, ou entre os filhos e os pais, ele não escreve *éros*. Como os filhos poderiam sentir falta dos pais que têm? Como os pais poderiam sentir falta dos filhos que têm? Os únicos que poderiam ter um amor *erótico*, no sentido platônico do termo (não a sexualidade, mas a falta), por seus filhos seria o casal que não consegue ter filhos: o casal quer ter um filho, não consegue fazê-lo, sofre com esse fracasso, com essa privação, ama de certo modo o filho que não tem e lhe falta. Mas, assim que a criança nasce, ela já não falta; e trata-se de passar do amor pelo filho sonhado, aquele que faltava, ao amor pelo filho real, aquele que existe, que já não falta, e nem sempre é uma passagem fácil... Podemos amar apaixonadamente nossos filhos; nem por isso estamos enamorados deles. Aristóteles tem razão, portanto, em não utilizar *éros* para descrever o amor filial ou parental. Ele escreve *philía* – ao passo que em francês raramente se fala de amizade no seio da família: fala-se antes de afeto, ternura, apego, amor... Esse amor, em grego, se diz *philía*.

Mais ainda, quando Aristóteles (que foi casado duas vezes, e foi feliz as duas) quer descrever o amor entre o homem e sua esposa, entre a mulher e seu marido, ele não escreve *éros*, escreve *philía*. Não, claro, que não haja sexualidade, desejo no seio do casal (*éros* não é o sexo, mas a paixão amorosa, a falta devoradora do outro), mas pelo fato de que a paixão amorosa, mesmo que tenha existido antes do casamento (o que, na Antiguidade, estava longe de ser a regra), não poderá sobreviver a ele. Como é possível sentir falta do homem ou da mulher que compartilha sua vida, que está presente, que não falta? O amor conjugal não é *éros*, é *philía*. Ao passo que em francês não hesitaríamos em falar de *amizade* no seio do casal. Pelo menos nos dias de hoje. Montaigne fazia isso com frequência: o amor entre os esposos é o que ele chama graciosamente de "amizade marital"[1], aquela que se estabelece ou se desenvolve no seio do casal. De resto, nas famílias da boa burguesia, até o século XIX ou início do século XX (pensem nas peças de Labiche, de Courteline, de Feydeau...), era de uso, entre esposos, se chamar de "meu amigo", "minha doce amiga", "minha terna amiga"... Vocês dirão que isso já não ocorre hoje em dia. Depende dos meios, da idade, da situação. No dia, por exemplo, em que um de seus filhos lhes apresentar aquele ou aquela que considera ser o amor da sua vida, ele(a) dirá: "Papai, mamãe, este(a) é

---

1. *Essais*, III, 9, p. 975 da ed. Villey-Saulnier, PUF.

meu(minha) amigo(a)." E você vai entender muito bem o que isso quer dizer: significa que aqueles dois pararam de sentir falta um do outro, muito provavelmente há algumas semanas... Aliás, isso não é reservado aos jovens. Em francês, nos casais não casados, e eles são cada vez mais numerosos, costuma-se designar aquele ou aquela com quem se compartilha a vida como *mon ami(e)* [meu amigo, minha amiga], *mon copain, ma copine* [meu colega, minha colega]. *Concubin* [concubino] é reservado à linguagem burocrática. *Compagnon, compagne* [companheiro, companheira] quase só se usam ao se falar com estranhos. Entre íntimos se diz comumente *mona mi(e)* [meu amigo, minha amiga], e todos compreendem o que isso quer dizer: é aquele ou aquela que amo e que me ama, que já não me faz falta, uma vez que compartilho a sua vida, e ele(a), a minha. É esse o sentido de *philía*, em grego: é a amizade, por assim dizer, mas num sentido muito mais geral do que em francês; digamos que é o amor a tudo o que não nos falta. É também o amor conforme Aristóteles ou, voltarei a isso, conforme Espinosa. Assim somos conduzidos ao essencial, que não é o uso da palavra, mas a compreensão do conceito, ou seja, o conteúdo afetivo que ele pretende captar e compreender.

"Amar é regozijar-se"

O que é amar (*phileo*)? O que é esse amor (*philía*), vivido, por exemplo, na amizade, na família ou no casal? Aristóteles, o genial e dissidente discípulo de Platão, diz o essencial a esse respeito na *Ética nicomaqueia* (o capítulo VIII é talvez o que de mais lindo já se escreveu sobre a amizade) e na *Ética eudemeia*. Esse essencial cabe numa frase pura como a alvorada: "Amar é regozijar-se."[2] Aqui tudo se inverte. Enquanto você está em Platão, ou enquanto você lhe dá razão nos seus casos de amor, enquanto você só sabe amar o que lhe falta, também dá razão, inevitavelmente, a Louis Aragon: se o amor é falta (Platão), "não há amor feliz" (Aragon). Inversamente, se é a Aristóteles que você dá razão em seus casos de amor, se, para você, amar é regozijar-se, então Aragon está errado: não há amor infeliz.

Exceto no luto, claro. Porque o luto, no sentido próprio (o outro morreu) ou no sentido figurado (o outro não o ama, ou deixou de amá-lo, ou largou você), o luto, recriando tragicamente a falta, faz você voltar brutalmente, dolorosamente, a Platão. Assim, não é raro nos apaixonarmos de novo, quase instantaneamente, por aquele ou aquela que nos anuncia que vai embora, ou acabou de morrer... A vida cotidiana havia desgastado a paixão. O drama a faz reviver, pelo menos por algum tempo. De novo a falta, o sofrimento, a infelicidade... Mas é o fracasso do amor, não sua essência; sua frustração, sua privação, não sua consumação. Nos outros casos, fora do luto portanto, se "amar é regozijar-se", não há amor infeliz. É o que Espinosa também dirá, em outra problemática, e isso merece que nos detenhamos um pouco.

O desejo como potência

Espinosa concordaria com Platão em dizer que o amor é desejo, mas com toda a certeza não concordaria em dizer

---

2. *Ética eudemeia*, VII, 2, 1237 a.

que o desejo é falta. Para Espinosa, o amor é desejo (ou "o desejo é a própria essência do homem"[3]), mas o desejo não é falta. O desejo é potência: potência de gozar e de se regozijar, gozo e regozijo em potência[4]. Atenção, não falei *poder*, no sentido político ou organizacional do termo, mas *potência*: potência de gozar, gozo em potência (gozo possível) e, às vezes, em ato (gozo real e atual). Potência, portanto, no sentido em que se fala comumente de potência sexual – usa-se a expressão sobretudo para os homens, mas pode-se usá-la exatamente no mesmo sentido para as mulheres. O que é a potência sexual? É a potência de gozar, que torna o gozo possível. Felizmente para nós. Porque, se Platão tivesse sempre razão, se fôssemos capazes de desejar apenas o que nos falta, nossa vida sexual, é preciso reconhecer, seria ainda mais difícil e complicada do que já é. Especialmente a nossa, senhores: porque, num certo momento, temos de estar em condições de desejar aquela, precisamente, que não falta – pois ela está presente, pois ela se entrega, pois ela se abandona.

Há certos homens que são verdadeiramente platônicos, ou antes, que estão verdadeiramente em Platão, encerrados em Platão, como prisioneiros da falta: é aquele tipo de homem que só sente vontade de fazer amor quando está sozinho. Aí não tem problema: ele tem tantos desejos quanto outro qualquer, tantos fantasmas, tantas ereções. Mas, quando uma mulher está presente e se entrega, "ele não comparece", como se diz. É o que chamamos de um impotente, ou de um momento de impotência. O que

---

[3]. *Ética*, III, definição 1 dos afetos.
[4]. Para resumir em algumas palavras as análises de *Ética*, III, especialmente entre as proposições 6 e 12 (com as demonstrações, corolários e escólios).

diz bem, por comparação, o que é a verdade do desejo sexual, que não é a falta, como pretendia Platão, mas a potência: potência de gozar, gozo em potência.

Sem querer entrar em confidências que seriam indiscretas ou impudicas, forçoso é constatar que, se há momentos em minha vida em que não me falta nada, na maioria das vezes isso acontece quando estou fazendo amor. Um platônico ortodoxo certamente poderia me objetar: "Nada disso, quando você está fazendo amor, tem uma coisa que lhe falta, o orgasmo!" E viva o erotismo... Se se tratasse apenas de chegar ao orgasmo pelo caminho mais curto, a masturbação o alcança mais rapidamente, mais simplesmente, mais seguramente. Uma amiga psiquiatra me dizia, uns trinta anos atrás: "Quando, ao fazer amor, o que se deseja é o orgasmo, trata-se de sexualidade masturbatória." Eu era bem jovem. Respondi: "Tem certeza de que não é o que se chama de sexualidade masculina?" Pois bem, não é: hoje sei que há uma parte da sexualidade, masculina ou feminina, que é certamente desejo de orgasmo (portanto, de fato, é falta, e isso dá razão a Platão), mas que há também outra experiência sexual, mais preciosa, mais voluptuosa, que consiste não em desejar o orgasmo, mas em desejar o outro, mas em *fazer amor*, de fato, e a desejar o amor que se faz. Em suma, trinta anos depois, pelo menos compreendi que o orgasmo não é o essencial, ou nem sempre o é, e que, em todo caso, ele não pode valer por si só (salvo no da "sexualidade masturbatória"). Os amantes sabem disso muito bem. O que eles desejam não é o orgasmo, pelo menos não na maioria das vezes, não da forma mais feliz; o que eles desejam é o outro, o desejo do outro, o gozo do outro, o que eles desejam é fazer amor com ele ou com ela; ora, o que estão fazendo aqui e agora é exatamente o que não lhes falta, já que estão fazendo, mas o que os regozija. O orgasmo? Ele não deixa ninguém indiferente, mas, quanto mais tarde vier, melhor será: o que os amantes desejam é, muito mais, fazer amor, e que demore, demore, demore...

Platão confunde duas formas diferentes do desejo, ou antes, só vê uma das formas, e esquece ou subestima a outra. Todos sabem que às vezes ficamos "em falta", como se diz de um toxicômano, inclusive em nossa vida sexual. É o que se chama frustração, que dá razão a Platão, e todos nós já a vivemos, em um momento ou outro de nossa vida. Mas justamente: vivemos suficientemente a *frustração* sexual para não confundi-la com *potência* sexual. Não é a mesma coisa (ainda que as duas possam andar juntas) estar em falta e ter prazer em fazer amor. Aliás, todos sabem, principalmente as mulheres, que os homens frustrados raramente são os melhores amantes...

Na vida não há só o sexo. O erro de Platão também está em ter confundido a *fome*, isto é, a falta de comida, com o *apetite*, que é potência de gozar da comida que não falta. *Appetitus*: a palavra latina é um importante conceito espinosista[5]. Mas podemos tomá-lo aqui no sentido mais

---

5. Utilizado para pensar o *conatus* (o esforço de todo ser para perseverar em seu ser) de um ser vivo, em especial de um ser humano, quando esse esforço se refere "à alma e ao corpo ao mesmo tempo" (Espinosa reservava o nome de *"vontade"* ao esforço que se refere, por abstração, "somente à alma"), *tenha ele consciência disso ou não* (Espinosa reserva a palavra "desejo", *cupiditas*, para designar "o apetite com consciência de si": ver, no terceiro livro da *Ética*, o decisivo escólio da proposição 9). Como "o esforço pelo qual cada coisa se esforça para preservar em seu ser nada mais é que a essência atual dessa coisa" (*ibid.*, prop. 7), daí decorre que "o apetite não é nada mais que a própria essência do homem" (*ibid.*, escólio da prop. 9). Donde é de nossa essência desejar, consciente ou inconscientemente (*ibid.*, definição 1 dos afetos e explicação), logo amar (*ibid.*, prop. 13, demonstração e escólio).

corriqueiro do termo. Quando você convida uns amigos para jantar, você não diz a eles, ao sentarem à mesa: "Boa fome, desejo que lhes falte bastante comida! Aliás, vocês não vão se decepcionar: não tem nada para comer!" Não. O que você diz a seus amigos, salvo exceção, é exatamente o inverso: "Não se preocupe: tem de sobra; os pratos são fartos; espero que vocês tenham a potência de gozar da comida que não falta: bom apetite!"

A fome é uma falta, um sofrimento. Pode-se morrer de fome; morre-se todos os dias no mundo. O apetite não é um sofrimento: é uma força, uma potência (potência de comer e de gozar o que se come) e, já, um prazer. É o que dá razão aos *gourmets*, que gostam de comer: eles sabem se regozijar com o que gozam.

Mesma coisa no caso da frustração sexual: é um sofrimento, "uma tensão desagradável ou penosa", como diz Freud[6], ao passo que a apetência sexual, a potência sexual, o que eu chamaria de desejo em ato, é uma força e, já, um prazer. O desejo, quando a dois, como é bom! O que dá razão aos amantes, que amam fazer amor: eles sabem se regozijar com essa potência que têm de gozar, e de fazer gozar!

A felicidade de amar

Vamos ao fundo. O que Platão não explica é o prazer, é a alegria, é a felicidade. Ora, quando há prazer? Quando há alegria? Quando há felicidade? Há prazer, há alegria, às

---

6. "Au-délà du principe de plaisir", 1, em *Essais de psychanalyse* (trad. S. Jankélévitch, Payot, reed. 1980, p. 7).

vezes há felicidade quando desejamos o que temos, o que existe, o que fazemos, em suma, *quando desejamos o que não falta*. Há prazer, alegria, felicidade todas as vezes que Platão está errado! Não é necessariamente uma refutação do platonismo (o que nos prova que o prazer, a alegria ou a felicidade têm razão?), mas é apesar de tudo uma razão forte para não sermos platônicos, ou para resistir a Platão.

Três exemplos para tornar isso mais concreto.

Você está passeando pelo campo num lindo dia de verão. Faz um calorão. Você está com sede. Você se diz: "Que prazer seria tomar uma cerveja bem gelada!" E aí, numa curva da estrada, você dá com uma taverna onde lhe servem uma cerveja bem gelada. Enquanto você a toma, a sombra de Platão, ou talvez a sombra de Schopenhauer, oculta às suas costas, murmura sarcástica ao pé do seu ouvido: "Pois é, eu sei, é sempre assim: você já está se entediando! Você dizia: 'Que prazer seria tomar uma cerveja bem gelada', pois é, porque você não tinha uma uma cerveja gelada, ela lhe faltava; mas agora você a tem, ela já não lhe falta, você já não a deseja, você já está se entediando." Todos os que gostam de cerveja responderão a essa sombra: "Que nada, imbecil! Como é bom tomar uma cerveja bem gelada quando estamos com sede e gostamos de cerveja!"

Você está fazendo amor com o homem ou a mulher que ama. E a sombra de Schopenhauer, que está ali segurando vela, murmura tristemente ao seu ouvido: "Pois é, eu sei, é assim... Você dizia: 'Que prazer fazer amor com ela, ou com ele'; claro, porque você não estava fazendo amor: você sentia falta e sofria com essa falta. Mas agora que está fazendo, já não falta. Seja sincero: você já está se entediando." No amor, os bons dias, ou as boas noites, são aqueles em que podemos responder a Schopenhauer: "Que nada, imbecil! Como é bom fazer amor com o homem ou a mulher que amamos, ou simplesmente desejamos, quando gostamos de [amamos] fazer amor!" Você já não está em Platão; você está em Aristóteles ou Espinosa. Não mais na falta nem no tédio: na potência e na alegria. Os dias ruins ou as noites tristes são aqueles em que você se pergunta se, afinal, Platão e Schopenhauer não teriam pelo menos uma parte de razão... Na verdade, ambos têm razão, é por isso que estou falando deles, mas eles não descrevem a mesma experiência.

Você está trabalhando, em seu escritório ou ao ar livre, ou participando de uma reunião profissional, ou dando uma aula ou uma palestra, cada um escolha seus exemplos, e a sombra de Schopenhauer, escondida atrás da sua cadeira, murmura perfidamente ao seu ouvido: "Vamos, confesse: você está se entediando! Antes, quando era estudante ou estava desempregado, você dizia: 'Que prazer seria eu ter tal trabalho, tal cargo, tal oportunidade!' É que você não tinha. Mas agora você tem, agora isso já não lhe falta, como você poderia desejá-lo? Você passou, como todo o mundo, da falta ao tédio..." Os bons dias, na vida profissional, são aqueles em que podemos responder a Schopenhauer: "Que nada, imbecil! Tenho um trabalho apaixonante, não tenho tempo de me entediar! Que prazer exercer uma profissão de que gostamos!" Os maus dias, também nesse caso, são aqueles em que nos perguntamos se o trabalho não dá razão, às vezes ou com frequência, a Schopenhauer...

Alain dizia lindamente: "O único ofício em que não nos entediamos é aquele que não exercemos." É reconhecer que Schopenhauer tem razão, pelo menos às vezes, como Aristóteles ou Espinosa têm razão outras vezes, e pode até acontecer, a vida é assim, que tenham razão juntos ou simultaneamente. Se alguém declara na minha frente que nunca se entedia no trabalho, minha primeira reação é pensar: mais um mentiroso... ou um desempregado! Do mesmo modo, se alguém diz na minha frente que nunca se entedia no casamento, minha primeira reação é pensar: mais um mentiroso... ou solteiro! Mas a quem, ao contrário, me dissesse "eu me entedio o tempo todo no trabalho", eu teria vontade de aconselhar que mudasse de emprego, se possível. A quem me confiasse que se entedia o tempo todo no casamento, eu me inclinaria a perguntar, se fosse um amigo, por que não muda de situação ou de parceiro...

Não se trata de saber quem tem razão, se Platão e Schopenhauer, de um lado, ou Aristóteles e Espinosa, do outro. Os quatro têm razão, é por isso que me apoiei neles, mas eles não descrevem nem as mesmas experiências, nem as mesmas situações, nem os mesmos efeitos. Traçam para nós como que os dois polos da nossa vida afetiva, é por isso que também nos esclarecem, eu notava há pouco, o entremeio que separa ou une esses dois polos. O polo da falta, portanto do tédio, de um lado: Platão e Schopenhauer. Do outro lado, o polo da potência, portanto do prazer, portanto da alegria: Aristóteles e Espinosa. Este último polo nem sempre é suficiente para a felicidade (podemos gozar e até nos regozijar, sem ser felizes). Mas não há felicidade sem ele.

Uma declaração espinosista de amor

Portanto, também para Espinosa o amor é desejo, mas não é falta. O desejo é potência; o amor é alegria. Espinosa, sem dizer e talvez sem saber, recupera aqui a bela ideia de Aristóteles que eu evocava no início desta segunda parte: "amar é regozijar-se". A definição que Espinosa dá do amor é um pouco mais complicada, mas vai no mesmo sentido: "O amor é uma alegria acompanhada da ideia de uma causa exterior."[7] Amar é se regozijar *com*; é esse "*com*" que Espinosa acrescenta, de certo modo, à fórmula de Aristóteles. Concretamente, o que isso quer dizer? Imagine que alguém lhe diga: "Me alegra a ideia de que você existe"; ou então: "Há uma alegria em mim, e a causa da minha alegria é a ideia de que você existe"; ou mais simplesmente: "Cada vez que penso em você, isso me enche de alegria"... Você tomaria isso por uma declaração de amor, e teria toda razão. Isso dá razão a Espinosa: "O amor é uma alegria acompanhada da ideia de uma causa exterior."

Você teria razão, mas teria também muita sorte. Primeiro porque é uma declaração espinosista de amor, coisa que não acontece todo dia: muitos morreram sem nunca ter ouvido uma declaração assim. Portanto, aproveite, e se a frase vem de um leitor de filosofia agradeça a Espinosa!

Mas você também teria muita sorte porque seria o caso raríssimo de uma declaração de amor que não pede nada em troca. E isso, acredite, é literalmente excepcional. "Mas, quando alguém diz 'eu te amo'", você poderia objetar, "não pede nada em troca, também!" Claro que sim, e não apenas que o outro responda "eu também!". Ou antes, tudo depende de que tipo de amor se manifesta quando se diz "Eu te amo!". Se você está em Platão, em outras palavras, se você está apaixonado, no verdadeiro sentido do termo, dizer "Eu te amo!" é dizer "Você me faz falta", "*I need you*", como cantavam os Beatles, "*Te quiero*", como se diz em es-

---

7. *Ética*, III, def. 6 dos afetos. Ver também, *ibid.*, o escólio do corolário da prop. 13. [Citei aqui a tradução de Tomaz Tadeu, editora Autêntica, versão bilíngue.]

panhol ("eu te amo", "eu te quero": são a mesma coisa). Portanto é pedir alguma coisa, sim; é até pedir tudo, já que é pedir alguém. É por isso que nossas declarações de amor são às vezes, para o outro, tão incômodas, tão pesadas... Enquanto dizer "Alegra-me a ideia de que você existe" não é pedir nada, é simplesmente manifestar uma alegria. Não é pedir, é agradecer.

"*Obrigado por ser tão linda!*" foi o que disse um dia meu melhor amigo, na minha frente, a uma desconhecida com que cruzamos na rua. Ele é casado e creio que perfeitamente fiel. Mas isso não o impede de se regozijar e de agradecer.

Imaginem, senhoras, que um homem aborde uma de vocês na rua, um homem que não é seu marido, aí não teria graça, um homem que vocês não conhecem, mas bonitão. Ele olha nos seus olhos e diz: "Alegra-me a ideia de que você existe!" O que vocês vão lhe responder? Vocês vão me dizer que não é da minha conta... Concordo plenamente, mas, como não é impossível que ele tenha tirado essa abordagem de um dos meus livros, tenho de lhes dar alguns elementos de respostas possíveis, com os quais, é claro, vocês farão o que bem entenderem. Então, ele aborda uma de vocês:

"Alegra-me a ideia de que você existe!"

Você poderia responder, por exemplo: "Fico muito lisonjeada! Você diz alegrar-se com a ideia de que existo; ora, como pode ver, existo mesmo. Tudo bem, até logo!"

Não é impossível que, aqui, você esteja bem próxima da sua verdade momentânea: se um homem sedutor e simpático lhe faz uma declaração de amor, sobretudo tão leve e respeitosa quanto essa, é verossímil que isso a lisonjeie, e você terá toda razão. Alegria mais alegria: ele está alegre com a ideia de que você existe (ele ama você, ainda que superficialmente). Você faria mal se fosse desagradável. A sedução faz parte dos prazeres da vida.

No entanto, não dá para ficar nisso. Vocês sabem como são os homens: ele vai tentar retê-la. Ele vai dizer:

"Espere, não vá embora! Quero que você seja minha!"

Tudo se complica: ele já passou da sedução à possessão! Que fazer? Você poderia responder, por exemplo:

– "Nesse caso, meu caro, a coisa muda completamente! Releia Espinosa: 'O amor é uma alegria acompanhada da ideia de uma causa exterior.' Você concorda?

– Bom, sim...

– Nesse caso, o que o alegra? E, portanto, o que você ama, no fundo? É o que deixa você alegre, é a ideia de que existo, como eu tinha compreendido de início? Nesse caso, eu lhe concedo que me ame, me regozijo com isso e tchau. Ou então o que o faz regozijar-se é a ideia de que eu seja *sua*, como temo compreender agora? Nesse caso, o que você ama não sou eu, é a posse de mim, o que equivale a dizer que você só ama, como tantos homens, a você mesmo. Isso não me interessa nem um pouco. Tchauzinho!"

Com certeza você o terá desestabilizado. De um modo geral, há duas possibilidades. Ou ele pensa: "Xi, uma intelectual! Vou cair fora!" Não é o menos provável, mas não tem importância: isso prova que ele não tinha muita coisa na cabeça. Ou ele pensa: "Essa aí não é como as outras, ela tem de ser minha!", em suma, ele insiste. Mas, como você certamente o terá perturbado, ele vai ter de improvisar; vai dizer, por exemplo: "Escute, não sei mais o que dizer, mas estou apaixonado por você!" Você poderia responder: "Era o que eu temia! Você está apaixonado: você está em Platão, só sabe amar o que lhe falta! Mas afinal você e eu já vivemos o suficiente para saber que, supondo-se que eu ceda às suas investidas, supondo-se que eu seja 'toda sua', como você diz, necessariamente, de tanto ser toda sua vou lhe faltar cada vez menos, e depois vou lhe faltar menos que uma outra ou menos que a solidão. Vamos cair, como tantos outros, de Platão em Schopenhauer: haverá cada vez menos desejo, cada vez menos amor, cada vez mais tédio... Você tem vontade de viver de novo essa experiência? Para mim, chega: sinceramente, isso já não me interessa!"

Você está sendo tão sincera quanto foi antes? Não sei. Algumas mulheres, não duvido, estariam dispostas a reviver essa experiência da paixão, e inclusive só pensam nisso... E alguns homens, nesse sonho, estão cem por cento dispostos a acompanhá-las. Não os condeno de modo algum. Não adianta nada ser contra a paixão: é ineficaz quando ela existe, inútil quando não existe. E, depois, pode ser que esse homem tenha sabido comover vocês, ou que vocês estivessem fartas de estar sozinhas, ou que ele fosse bonitão mesmo, ou que alguma coisa no olhar dele desse vontade de saber mais sobre ele... Nesse caso, você talvez pudesse lhe dar uma chance, por exemplo acrescentando:

"– A não ser...

– O quê?

– A não ser que você seja capaz de ser espinosista, pelo menos um pouco, pelo menos às vezes, a não ser que seja capaz não apenas de desejar o que lhe falta, como qualquer um, mas de se regozijar com o que existe. Se for o caso, isso poderia eventualmente me interessar. Pense nisso. Aqui está meu telefone."

Estou carregando nas tintas, tenho plena consciência, não apenas porque estou simplificando, pois é preciso, mas porque estou aumentando exageradamente o espaço que separa a paixão da ação, a falta da alegria, digamos: Platão de Espinosa. A maior parte das nossas histórias de amor vai e vem entre esses dois polos, ora de um lado, ora do outro, às vezes um pouco de cada lado, com maior frequência, como eu já disse, no entremeio que os separa ou os une... O mais das vezes começamos por amar aquele ou aquela que não temos: a maioria das nossas histórias de amor começa em Platão[8]. Depois, com o tempo, com a coabitação, alguns amantes vão cair de Platão em Schopenhauer. É o que se chama de um casal infeliz: quando já não há falta, só lhes resta o tédio. Outros, apesar do tempo que passa, ou às vezes graças a ele, subirão, ao contrário, de Platão a Espinosa. É o que se chama de um casal feliz (mais ou menos feliz, isto é, feliz). Eles podem muito bem ter seus momentos de tédio, como todo o mundo, mas menos frequentes e menos importantes que seus momentos de alegria, de prazer, de humor e de amor, de confiança e de confidência, de potência e de doçura, de júbilo e de emoção, de ternura e de sensualidade... Eles aprendem juntos a se regozijar com o que existe: quando já não há falta, resta-lhes a plenitude do real, como que reaquecido pela existência do outro, pela presença do outro, pelo amor que fazem e tornam a fazer, que constroem e habitam, que gozam e com que se regozijam. Resta-lhes a alegria de amar, e ser amados.

---

8. Muito embora, devido à liberação dos costumes, seja cada vez menos excepcional que a história de amor comece *depois* da aventura sexual: que a gente se apaixone por aquele ou aquela com quem já fez amor. Isso não significa que se pulou a falta, mas que se sente falta de outra coisa que não um corpo: uma presença ou um olhar, uma palavra ou uma escuta, um amor ou uma solidão – uma alma, se quiserem. Não é a exceção, é a regra, que todos os apaixonados, qualquer que seja o desenrolar da sua história, conhecem ou devem descobrir. É mais ou menos o que distingue uma história de amor de uma história de sexo.

PHILÍA OU A ALEGRIA DE AMAR

Fazer amor com seu melhor amigo

O que Aristóteles e Espinosa nos ajudam a compreender é justamente o que Platão ou Schopenhauer não explicavam: o que é um casal feliz, como isso pode existir e perdurar. Um casal feliz não é um casal que tenha encontrado o segredo de fazer a falta perdurar indefinidamente. Como você pode sentir falta daquele ou daquela que compartilha sua vida, que está presente todas as noites, todas as manhãs? Alguns dirão, falando de um casal que conhecem: "Eles são casados há trinta anos, são tão apaixonados quanto no primeiro dia!" Quem pode acreditar? Aliás, se fosse verdade, seria uma forma de patologia. Um casal feliz não é um homem e uma mulher (ou dois homens, duas mulheres) que encontraram o segredo da paixão perpétua, que sabem fazer a falta durar indefinidamente, até o ponto de sentir falta daquele ou daquela que não falta. Não: é um casal que soube transformar a falta em alegria, a paixão em ação, o amor louco em amor sereno: é um casal que, em vez de cair de Platão em Schopenhauer, subiu de Platão a Aristóteles, de Platão a Espinosa. Só os loucos ou os apaixonados torcerão o nariz.

Alguns exemplos, mais uma vez, para tornar tudo isso mais concreto.

Uma das minhas amigas, que se aproxima dos cinquenta, me fala do seu casamento. Estão casados há mais de vinte anos, tiveram três filhos, continuam vivendo juntos. Falando do marido, ela acrescenta: "Claro, já não estou apaixonada por ele; mas continuo desejando-o; e, além do mais, é meu melhor amigo." Essa mulher madura e bem resolvida, que me confiava que fazia amor com seu melhor amigo, que nele encontrava desejo, prazer, alegria, me pareceu dizer uma coisa muito profunda, muito forte e, cá entre nós, um bocado perturbadora (inclusive do ponto de vista erótico) sobre o que é a verdadeira vida afetiva e sexual dos casais. Um casal feliz não é um casal em que um sente falta do outro, daquele com quem vive, seria contraditório; é um casal em que os dois têm desejo um do outro, em que encontram prazer em fazer amor juntos, em que cada um se regozija com a existência do outro, com o amor ao outro, enfim com a felicidade que eles têm juntos, embora com altos e baixos, de habitar o mesmo lugar, o mesmo presente, a mesma intimidade sem par.

A paixão pode perdurar?

Quando evoco esse tema, durante as minhas palestras, as reações do público variam conforme os indivíduos, como é normal, mas também conforme a idade. Os adultos reconhecem nele alguma coisa da sua experiência, principalmente aqueles que têm a sorte ou o talento de ser felizes a dois. Por outro lado, vejo que os jovens, talvez especialmente as moças (os rapazes costumam ser muito imaturos para se fazerem esse tipo de questionamento), ficam um pouco decepcionados. No fundo, o que eles desejariam, o que elas desejariam não é isso, não é o amor sereno, mas a paixão que perdura para sempre. O que eles desejariam seria Platão até a morte: o amor louco e triunfante! E eis que um filósofo vem lhes dizer que não é possível. Como não ficariam decepcionados? Isso não prova que estou errado, muito pelo contrário. Essa decepção faz parte da filosofia.

A bem da verdade, não é que a paixão nunca possa ser duradoura. Ela pode durar anos, a vida toda talvez, mas com uma condição, que é estrita: que ela seja infeliz. Nesse caso, não há problema se você ama aquele ou aquela que não ama você, isso pode durar muito, a vida toda no caso de alguns, e pior para eles. É a história de *Adèle H.*, no bonito filme de Truffaut: a filha de Victor Hugo, apaixonadíssima por um oficial britânico que não a ama, louca de amor, louca de falta, louca de sofrimento, acaba ficando louca mesmo, a ponto de morrer num asilo psiquiátrico, velhinha e, pelo menos é o que o filme sugere, sempre apaixonada...

Sim, a paixão pode durar muito, mas contanto que seja infeliz. É também o tema de *Tristão e Isolda*: eles se amam apaixonadamente, beberam o filtro do amor, mas não podem se casar porque Isolda é mulher do rei, de quem Tristão é ao mesmo tempo sobrinho e fiel vassalo. Por isso eles se amarão até a morte: a impossibilidade da felicidade os salva, ou antes, os perde (eles morrem por causa disso), salvando o amor deles. A palavra *paixão* encontra aqui seu duplo sentido, e seria muito ingênuo quem quisesse viver o primeiro (o arrebatamento passional) sem o segundo (o sofrimento e a morte, como quando se fala da "paixão de Cristo"). O amor tem de morrer, ou nós temos de morrer de amor. É o que Denis de Rougemont, num livro publicado em meados do século XX, *L'Amour et l'Occident*, resumia numa frase: "Imaginem o seguinte: a senhora Tristão!"[9] Imaginem se o rei morre: Isolda fica livre, Tristão e ela contraem justo matrimônio, Isolda se torna a senhora Tristão. Só que, evidentemente, a sra. Tristão já não é a Isolda de *Tristão e Isolda*! O amor deles, para perdurar, precisa da separação dos dois: "Eles precisam um do outro para arder, mas não do outro como ele é; e não da presença do outro, e sim da sua ausência!"[10]

---

9. *L'Amour et l'Occident*, I, 9, reed. 10-18, 1974, p. 36.
10. D. de Rougemont, *op. cit.*, I, 8, p. 33.

Também poderíamos dizer: "Imaginem a sra. Romeu", se pensarmos em Shakespeare, ou "Imaginem a sra. Julien Sorel", se pensarmos em Stendhal. A paixão não pode perdurar a não ser na infelicidade; a felicidade, inevitavelmente, põe fim a ela.

Tenho vontade de dizer: e daí? Nem por isso ela deixa de ser felicidade! Regozijar-se com a existência do outro, ter prazer em compartilhar sua vida e sua cama, regozijar-se com o encontro dos corpos e das almas não deixa de ser amor, é na verdade mais amor. É o que precisamos explicar aos nossos jovens. Imaginem – estou me dirigindo às pessoas da minha idade – que sua filha mais velha se apaixone. No início, você não nota nada. Mas pouco a pouco tem de se render à evidência: ela está pálida, está emagrecendo, está cada vez mais sombria, cada vez mais nervosa... Os pais se preocupam, temem o pior: um problema de saúde, uma história de drogas, de violência? A mãe vai vê-la em seu quarto: a mocinha se desfaz em lágrimas e explica que se apaixonou por um rapaz que não a ama. A mãe, sentindo-se aliviada até ("Ufa! É só isso!"), faz o que pode para levantar o moral da filha. Passam-se os dias... Seis meses depois, nossa moça está com uma cara ótima: linda como o dia, alegre como um passarinho, radiosa, luminosa. À mãe, que desconfia de alguma coisa, ela explica que está apaixonada de novo, mas desta vez ele também a ama! Casam-se meses depois. É um lindo dia, tanto para ela como para você: você está tão feliz por sabê-la feliz! Só que seis meses depois a jovem esposa, em lágrimas, telefona à mãe: "Mamãe, estou telefonando porque vou pedir o divórcio." A mãe fica chocada. De novo teme o pior: ele bebe? bate nela? engana-a? é drogado? pervertido? Não, não é nada disso, a jovem a tranquiliza: "Ele é muito legal, não tenho nada a dizer dele." A mãe não entende mais:

"– Nesse caso, qual o problema? Por que vai se divorciar?
– Você lembra, falei disso várias vezes. Há algumas semanas, quando ele voltava do trabalho depois de mim, só de ouvir os passos dele na escada meu coração disparava. Bom, ontem, voltei do trabalho antes dele, ouvi seus passos na escada e meu coração continuou completamente regular, igual, como se eu estivesse sozinha... Então, está vendo, esse é o problema: já não estou apaixonada por ele! Tenho de dizer a ele, por honestidade, e temos de nos separar antes de ter um filho...
– Escute, querida, vou aí. Vai ser bom conversarmos um pouco!"

A mãe tem condições de saber que, se sua filha se casou na esperança de que a paixão dos primeiros meses (o amor devorador pelo outro!) fosse durar indefinidamente, é porque não havia entendido uma coisa essencial do amor. Ela, a mãe, terá que explicar; e a filha, por sua vez, terá que aceitar. Isso não é triste, ou não necessariamente. Um casal feliz, com o tempo, não é menos amor; muitas vezes é até mais amor do que na paixão (porque é o outro que amamos, não o sonho que temos dele), mais alegria, mais prazer (inclusive em nossa vida erótica: o prazer cresce com o conhecimento, do outro e de si, com a intimidade compartilhada e prolongada), mais verdade, enfim.

Amar a verdade do outro

O poeta Paul Éluard, num poema do livro *Les Yeux fertiles*, escrito para sua mulher Nusch, diz isso lindamente, muito simplesmente, à sua maneira:

O AMOR

*On ne peut me connaître
Mieux que tu me connais.**

O casal é um lugar de verdade, pelo menos pode ser, deve ser. Não porque no casal se diz tudo, o que não é possível nem desejável, não porque nunca se mente, o que é raro, mas porque permite conhecer verdadeiramente alguém, no tempo, na maior proximidade, a dos corpos e dos corações. Na Bíblia, *conhecer* também significa "fazer amor com", e é de fato um conhecimento sem igual, sobretudo quando ele se prolonga, quando se repete (alegre repetitividade do desejo!), quando acompanha e alimenta a palavra, quando é outra coisa que não um passatempo ou um divertimento agradáveis, e tanto mais quanto esse conhecimento se soma a outros os complexifica, os relativiza, os confirma ou os corrige, os matiza ou os aprofunda. Num casal amante e confiante, seu parceiro conhece você melhor do que seus pais conheceram, do que seus irmãos e irmãs conhecem, do que seus amigos, mesmo os mais próximos, jamais conhecerão. Não é impossível que ele conheça você melhor, pelo menos sob certos aspectos, do que você mesmo ou mesma se conhece.

O casal é um lugar de verdade pelo menos possível, ao passo que a paixão amorosa se alimenta mais de imaginário e de desconhecimento. Estar apaixonado é necessariamente tecer ilusões sobre o outro. É o que Stendhal, por analogia com um fenômeno químico bem conhecido, chama de "cristalização". Você pega um galho caído na rua: é cinzento, é mortiço, é triste, não é bonito. Você o mergulha num monte de sal por algumas semanas ou alguns meses e

---

* Ninguém pode me conhecer / melhor do que tu me conheces.

depois tira: ele está coberto de cristais luminosos, como se fosse "uma infinidade de diamantes móveis e coruscantes!". Assim é a cristalização amorosa, explica Stendhal, isto é, "a operação do espírito que extrai de tudo o que se apresenta a descoberta de que o objeto amado tem novas perfeições"[11]. Você pega um homem na rua: é cinzento, é mortiço, é triste, não é bonito. Você o mergulha no coração de uma mulher apaixonada, e eis que ele brilha com mil faróis! O problema é que sob os mil faróis ilusórios da paixão ele continua sendo o mesmo homem cinzento e mortiço, e que, vivendo com ele, inevitavelmente ela vai aprender a vê-lo tal como ele é, e não mais tal como o imaginou, tal como o sonhou: ela vai encontrar o galho morto. É o que se chama desamor. A poeta russa Marina Tsvetaeva exprimiu isso de uma maneira que acho extraordinária. Cito de cor, mas ela escreveu mais ou menos o seguinte: "Quando uma mulher encontra um homem pelo qual não está apaixonada, ela o vê tal como os pais dele o fizeram [em outras palavras, tal como ele é]. Quando ela olha para o homem pelo qual está apaixonada, ela o vê tal como Deus o fez. Quando já não está apaixonada, vê uma mesa, uma cadeira..."

Lembro-me de um programa de tevê em que Serge Gainsbourg, do seu jeito, exprimia uma ideia próxima, mais cruamente: "Amamos uma mulher pelo que ela não é; e a deixamos pelo que ela é." Isso também vale para os homens. Ela amava o que acreditava que ele era, ela amava

---

[11]. Stendhal, *De l'amour*, I, 2. Há uma descrição próxima em Lucrécio: *De rerum natura*, IV, 1153-1170. Molière se inspirará nela em *O misantropo*, II, 5. Sobre a concepção epicuriana e lucreciana do amor, ver meu livro *Le miel et l'absinthe (Poésie et philosophie chez Lucrèce)*, Hermann, 2008, reed. Le Livre de Poche, 2010, cap. VI ("La Vénus vagabonde").

as ilusões que tinha sobre ele; depois, pouco a pouco, a vida comum dissipa essas miragens, nos ensina a ver o outro como ele é, e pode acontecer, de fato, que o amor não sobreviva ao desaparecimento das ilusões. Mas também pode acontecer que ele sobreviva, que cada um dos amantes aprenda a amar a verdade do outro, tal como ele é, tal como ele muda ou não muda, tal como evolui: é o que se chama um casal feliz.

Um amigo meu, quarentão, novamente presa de uma paixão recente, me dizia, falando da sua nova conquista: "Eu a amo por seu mistério." Respondi: "Você está me explicando que você a ama porque você não a conhece. Dê-se o tempo de conhecê-la..." Viver a dois é isso: dar-se o tempo de conhecer o outro, num grau de intimidade que nenhuma outra experiência permite. E, quando isso traz prazer e alegria, o que há de mais forte, de mais precioso, de mais insubstituível? Aquela que só ama as ilusões que tem sobre mim leva-me ao fingimento e à angústia: o que restará do seu amor quando ela aprender a me conhecer? Já aquela que me ama tal como sou, tal como me conhece de perto e de verdade, me dá o mais perturbador dos presentes: ser amado inteiramente e por ser eu mesmo.

Isso me faz pensar numa fórmula, em forma de adivinha, que vi um dia num fórum da internet, sem nome de autor, digamos que de um anônimo do século XX ou XXI. A pergunta era: "O que é um amigo?" E a resposta: "Um amigo é alguém que conhece você muito bem e gosta de você mesmo assim!" A fórmula, que me parece excelente, também diz algo sobre o casal, quando é feliz, contanto que, aqui também, se entenda "amizade" não no sentido estrito que tem em francês moderno, mas no sentido mais lato que tem em Montaigne (quando fala de "amizade marital") ou em grego (*philía*): para designar o amor daquele ou daquela que não nos falta. O que é um casal feliz? É um casal em que cada um conhece o outro muito bem, e o ama mesmo assim! Isso não impede, aliás, que a falta sexual, nem que seja por razões fisiológicas, reapareça regularmente, renasça (é o que eu chamava há pouco de "alegre repetitividade do desejo"). Todos os casais sabem disso, e também que essa *falta* permanece um tanto indeterminada: um outro homem, uma outra mulher poderia satisfazê-la tão bem quanto ou quase, e às vezes melhor. O que faz o casal não é apenas a apetência sexual; é a vontade de viver essa apetência (e alimentá-la, e mantê-la...) com aquele ou aquela que escolheu, é amar não apenas a posse física do outro, como o lobo ama o cordeiro[12] (caso em que, mais uma vez, você só ama a você mesmo), mas amar sua existência, sua presença, sua liberdade, enfim até sua solidão, tão comovente, tão perturbadora, que o casal exalta sem a abolir.

Rilke tem razão, em *Cartas a um jovem poeta*, quando constata que o casal não é o fim da solidão: é antes o encontro e a convivência de "duas solidões que se protegem mutuamente, que se completam, limitando-se e inclinando-se uma diante da outra"[13]. Não é menos amor, é mais amor, insisto, e aliás mais prazer e sensualidade também, muitas vezes, e até mais liberdade verdadeira. Não fantasiemos os casais, tampouco fantasiemos o celibato nem a vida sexual dos solteiros, que nem sempre é, e a maioria de nós já fez essa experiência, tão satisfatória assim... De resto, conheço

---

12. Assim anotava Platão em *Fedro*, 241 d: "O amante, longe de querer bem, ama a criança como um prato com que quer se fartar: ele ama os meninos como os lobos amam o cordeiro."

13. Carta VII (trad. fr., *Oeuvres*, t. 1, Seuil, 1966, p. 337).

mais solteiros que sonham viver a dois do que gente que vive a dois que sonha com o celibato. Ambos têm condições de saber que viver a dois, quando os dois se amam, é mais amor, mais prazer, quase sempre, ao mesmo tempo mais ternura e erotismo, mais amor e humor, doçura e alegria, confiança, compartilhamento, trocas, intimidade, sensualidade, verdade... "Estar apaixonado é um estado", dizia Denis de Rougemont, "amar, um ato."[14] Quer dizer que isso depende de nós, pelo menos em parte, e é por isso que se fala legitimamente de fracasso ou sucesso. Quem pode jurar que ficará apaixonado para sempre? Seria o mesmo que jurar que terá febre para sempre! Não se decide amar nem deixar de amar (não se decreta o amor), mas pode-se decidir manter seu amor, alimentá-lo, protegê-lo, fazê-lo viver e evoluir. É por isso que a vida de casal também é uma aventura espiritual. "Afinal", dizia Alain, "o casal é que salvará o espírito."[15] Porque o espírito, para um ateu como Alain, não é uma substância qualquer supostamente imaterial ou imortal. O espírito não é uma substância mas uma função, mas um ato, ou antes, dois: conhecer, amar. O casal, quando é feliz, possibilita vivê-los juntos: é como o casamento, no altar do real, da alegria e da verdade.

"Não há amor feliz nem felicidade sem amor", dizia eu. A fórmula não é contraditória, e também não nos condena à infelicidade. É que não se trata do mesmo amor nos dois casos. Não há amor (*éros*) feliz nem felicidade sem amor (*philía*). Isso indica bem o caminho. Trata-se de amar um pouco menos o que falta (que, a rigor, é mais objeto de es-

---

14. *Op. cit.* VII, 4, p. 262.
15. *Les sentiments familiaux*, I ("Le couple"), Pléiade, *Les passions et la sagesse*, p. 335.

perança que de amor), um pouco mais o que existe. É passar de um amor ao outro, e nunca terminamos de passar. "O caminho ascendente, descendente: um e o mesmo", dizia Heráclito. Mas pode subir ou descer. Ninguém pode gozar aquilo que lhe falta, nem sentir falta do que goza ou com que se regozija.

III
Agápe
ou o amor sem limites

Poderia parar por aqui. Aliás, os gregos, na maioria das vezes, paravam por aqui. Ou você ama o que não tem e que lhe falta (*éros*), ou você ama o que existe, o que você faz, eventualmente o que você possui, em todo caso o que não lhe falta (*philía*). Ainda que existam outras palavras para dizer amor (por exemplo, *storgê*, afeto, notadamente no seio da família)[1], ainda que às vezes falassem de *philanthropia* (amor à humanidade, como uma *philía* generalizada), os gregos, conceitualmente, não iam muito além disso. Por que então ter anunciado um terceiro nome grego para o amor, *agápe*? É uma palavra que vocês nunca encontrarão em Platão, nem em Aristóteles, nem em Epicuro, nem em nenhum grego do período clássico ou helenístico. É grego, mas só aparece na Antiguidade tardia, e não necessariamente na Grécia. O que aconteceu é que cerca de três séculos e meio depois da morte de Aristóteles, num canto particularmente remoto do Império Romano (já não estamos na época da grandeza de Atenas, nem mesmo do império de Alexandre), alguém que não era nem mes-

---

1. Mas Aristóteles precisa que "a família é uma amizade": *Ética eudemeia*, VII, 10, 1242 a.

mo grego nem mesmo romano, um meteco qualquer, pôs-se a dizer coisas estranhas num improvável dialeto semítico – em aramaico, parece. Ele dizia, por exemplo: "Deus é amor." Ou: "Amai-vos uns aos outros." Ou ainda: "Amai vossos inimigos." O mais surpreendente é que alguns acreditaram nele. Estes disseram: "É formidável o que diz esse sujeito, temos de dá-lo a conhecer ao mundo inteiro!" Mas como? Hoje, traduziríamos para o inglês e poríamos na internet. Na época, era preciso traduzir para o grego (Roma domina o mundo, mas a língua culta de toda a bacia mediterrânea continua sendo o grego) e percorrer, a pé, as margens do Mediterrâneo.

Qual é esse amor que seria Deus?

Tentemos traduzir para o grego "Deus é amor"... Poderíamos dizer, por exemplo: *O theos éros estin*. Os gregos hesitariam entre o riso e a piedade. O que é um deus que é falta? O que é esse Deus que você diz absolutamente perfeito e que carece de tudo? Deus está enamorado? De quem? De você? De mim? Existe ideia mais boba? Existe pretensão mais ridícula? Quanto a estar enamorado do próximo como de si mesmo... Enamorar-se de si mesmo? Deve-se? É possível? E, sobretudo, o próximo é qualquer um, aquele que está presente. Não vou me enamorar do primeiro que aparecer, nem de todo o mundo! Enfim, amar seus inimigos, se entendermos por isso enamorar-se deles, é uma forma de perversão que ficaria melhor nos livros de psicopatologia, como dizemos hoje em dia, do que num texto espiritual! Em suma, para traduzir o amor evangélico, já que é disso que se trata, *éros* não convinha.

Tentemos pois uma segunda tradução: "*O theos philía estin*", Deus é amizade. Isso cai melhor, ou menos mal. Os gregos não zombariam, vários poderiam até achar a ideia interessante. Todavia, os gregos mais cultos da época lembram que, cerca de três séculos e meio antes, Aristóteles, em seu genial bom senso, tinha anotado que é meio ridículo acreditar-se amigo de Deus[2]. Por quê? Porque o amigo não é apenas aquele que ama você; o amigo é aquele que prefere você. Ser amigo de todos? Seria não ser amigo de ninguém[3]. Se você descobrisse que um amigo seu o ama, claro, mas como ama qualquer um, você ficaria magoado ou decepcionado. O que você quer não é somente que seu amigo o ame como ama a todos os que encontra, mas que ele o ame mais que aos outros. O que você quer, em suma, é que seu amigo o prefira. Dizer "sou amigo de Deus, Deus é meu amigo" significaria "Deus me prefere", o que seria de um ridículo consumado.

Mesma coisa no caso de "ame o próximo como a si mesmo". Que podemos e devemos ser amigos de nós mesmos, está claro[4]. Mas "seja amigo do seu próximo" não dá: escolhemos nossos amigos, não escolhemos nossos próximos. O próximo é aquele com quem cruzamos por acaso, por definição não o escolhemos; ser seu amigo seria ser amigo de todos e de qualquer um: um contrassenso com relação à amizade!

Quanto a "ame seus inimigos", isso significaria "seja amigo de seus inimigos", o que é contraditório. A amizade,

---

2. *Grande ética*, II, 11, 1208 b.
3. Ver Aristóteles, *Ética nicomaqueia*, IX, 10, 1171 a, e *Ética eudemeia*, VII, 12, 1245 b.
4. Ver Aristóteles, *Ética nicomaqueia*, IX, 4 e 8 (1166 a-b, 1168 a – 1169 b). Ver também o que eu escrevia em *Du corps*, VII, PUF, 2009, p. 179.

mesmo quando assimétrica, supõe um amor recíproco, um afeto recíproco (você pode estar enamorado de alguém que não está enamorado de você; você não pode ser amigo de alguém que não é seu amigo). Querer-se amigo de seus inimigos é não compreender o que é a amizade, ou é violar o princípio de não contradição, o que, para um grego da Antiguidade, talvez seja a pior das perversões.

Resumindo, para descrever o amor que Jesus pregava, *éros* não convinha de modo algum; *philía* não convinha muito bem; de forma que os primeiros cristãos, ao que parece, tiveram de forjar uma nova palavra, em todo caso uma palavra que não é atestada na Grécia clássica. E, como havia em grego um verbo, aliás bastante frequente, *agapaô*, que significava "amar" ou "gostar" num sentido bem amplo[5], os primeiros cristãos se apossaram desse verbo, forjaram com ele um substantivo, *agápe* (que os romanos traduzirão por *caritas*), para descrever esse amor que Jesus professava, amor tanto mais singular por se pretender universal.

O *amor de caridade*

Confesso que, quando tenho de falar desse amor, fico um pouco embaraçado. Porque não sou cristão? Não é esse o problema (não é preciso ser budista para falar de compaixão; por que seria preciso ser cristão para falar de caridade?). Mas porque, do amor de caridade, não tenho nenhuma experiência real. Quando falo de *éros*, falo por experiência própria com pessoas que me compreendem por

---

5. Notemos que esse verbo aparece em Aristóteles, notadamente na *Ética nicomaqueia*, IX, 7, 1168 a, com os sentidos de "querer bem como a seu filho".

experiência própria. Todos já estivemos apaixonados, quase todos várias vezes. Quando falo de *philía*, falo por experiência própria com pessoas que me compreendem por experiência própria. Todos nós temos amigos, quase todos vivemos a dois, e muitos formamos casais felizes. Mas quando falo de *agápe* em que experiência posso me apoiar? Quem pode ter certeza de ter vivido, uma vez que seja na vida, um puro momento de caridade? Em suma, enquanto *éros* e *philía* certamente fazem parte do real, da nossa experiência de humanos, é bem possível que *agápe*, o amor de caridade, não passe de um ideal, de um amor que brilha, ouso dizer, apenas por sua ausência – que brilha, portanto que nos ilumina, é o que chamamos de um ideal, mas que não é um objeto de experiência nem um fato do mundo real. De resto, os cristãos veem nele uma graça, que portanto só tem possibilidade sobrenatural... O caso é que de *éros* e de *philía* eu falo por experiência própria; de *agápe*, devo reconhecer que só falo por ouvir dizer. Mas, como esse *ouvir dizer* já dura dois mil anos, como esse ideal nos ilumina há dois mil anos, eles fazem parte de uma civilização, a nossa, e isso justifica que nos demos ao trabalho de refletir sobre ele.

O amor como retirada

Poderíamos dizer, seria até o mais simples, que *agápe* é o amor segundo Jesus Cristo. Para ficarmos no registro filosófico, eu diria: *agápe* é o amor segundo Simone Weil. Dá na mesma. Assim como *éros* é o amor segundo Platão, assim como *philía* é o amor segundo Aristóteles ou Espinosa, *agápe* é o amor segundo Jesus ou Simone Weil. Terminaremos assim com uma mulher bem real do século XX esta exposição que havíamos começado com outra mulher, imaginária, da Antiguidade, Diotima.

Quando Simone Weil procura pensar esse amor, *agápe*, ela começa quase sempre citando uma frase do historiador grego Tucídides. Em seu grande livro, *História da guerra do Peloponeso*, escrito na passagem do século V a.C. para o século IV a.C., Tucídides escreve o seguinte: "Acreditamos por tradição, em se tratando dos deuses, e sabemos por experiência própria, em se tratando dos humanos, que sempre, por uma necessidade natural, todo ser tende à dominação, onde quer que suas forças prevaleçam."[6] É a lógica da guerra, de fato. É também a lógica da política, da economia, do *business*. Sempre e em toda parte, um partido ou uma empresa tenderão a exercer ao máximo seu poder. É a lógica do *conatus*, em Hobbes e Espinosa: todo ser tende a perseverar em seu ser, isto é, a existir o mais e o melhor possível. É a lógica da luta de classes, em Marx. É a lógica da vontade de potência, em Nietzsche: sempre e em toda parte, por uma necessidade natural, todo ser tende a afirmar ao máximo sua potência. É a lógica do sexo, em todo caso do sexo masculino, quando só há o sexo. Sade escreve em algum lugar: "Todo homem é um tirano quando tem uma ereção." Lógica da potência.

Também pode ser a lógica da alegria, também pode ser a lógica do amor. Meus amigos me ajudam a existir mais e melhor: eles me tornam mais alegre. Mas o que é a alegria? É "a passagem a uma perfeição maior"[7]. Como a perfeição e a realidade, para Espinosa, são uma só e mesma coi-

---

6. Tucídides, *História da guerra do Peloponeso*, V, 105.
7. *Ética*, III, escólio da prop. 11, e definição 2 dos afetos.

sa[8], isso equivale a dizer que ser feliz é existir mais, assim como ser triste é existir menos. Isso corresponde muito à nossa experiência. Você encontra um amigo que não vê há muito tempo. Pergunta a ele: "Como vai?" Se ele responder: "Existo cada vez mais", você concluirá que ele está com um moral formidável. Você terá razão: ser alegre é existir mais, é ter mais "potência de existir e agir", como Espinosa diz com frequência, e é por isso que posso dizer aos que me regozijam, aos que amo, no sentido de *philía*, por exemplo a meus melhores amigos ou à mulher que amo: "Obrigado por me ajudar a viver mais! Obrigado por ser para mim uma causa de alegria! Obrigado por fortalecer minha potência de existir e de agir!" Mas a potência basta para tudo? A alegria basta para tudo?

É aí que Simone Weil se separa de Espinosa[9]. A potência e a alegria não podem ser suficientes, pois há alegrias más e potências injustas. Assim, a potência de Atenas, quando arrasa a pequena cidade de Melos, massacra todos os homens, vende como escravas todas as mulheres e todas as crianças. Simone Weil cita Tucídides ("Sempre, por uma necessidade natural, todos comandam onde quer que tenham o poder de fazê-lo"), depois acrescenta em substância: é verdade, é sempre verdade, salvo quando há amor de caridade[10]. O que é o amor de Caridade? É um amor que

---

8. *Ética*, II, definição 6.

9. Sobre a relação entre Simone Weil e Espinosa, ver meu artigo "Le Dieu et l'idole (Alain et Simone Weil lecteurs de Spinoza)", em *Cahiers Simone Weil*, t. XIV, n.º 3, setembro de 1991, pp. 213 a 233, reproduzido em *Spinoza au XXᵉ siècle*, sob a dir. de O. Bloch, PUF.

10. Ver *Attente de Dieu*, "Formes de l'Amour implicite de Dieu", Fayard, 1966, reed. Livre de Vie, 1977, pp. 126 a 132. Ver também *La pesanteur et la grâce*, "Accepter le vide", Plon, 1948, reed. 10-18, 1979, p. 20: "Não exercer todo o poder de que se dispõe é suportar o vazio. Isso é contrário a todas as leis da natureza: somente a graça pode tal coisa."

renuncia a exercer ao máximo sua potência; é um amor que contradiz Tucídides, ou antes, que é a exceção, mas sobrenatural, à regra que Tucídides enuncia.

Três exemplos para ilustrar esse ponto.

Lembro-me, faz uns vinte anos, de um amigo meu, aliás sociólogo brilhante mas também, na época, jovem pai de família. Ele me diz: "Os filhos são como a água: ocupam todo o espaço disponível!" Eu tinha três filhos, então bem pequenos, e a fórmula me impressionou: "Eis alguém que conhece a vida como ela é", eu me dizia, "ele compreendeu uma coisa importantíssima!" Sim, os filhos são como a água, sempre ocupam todo o espaço disponível. Se você recua um passo, eles avançam um passo. Bom, vou dizer uma coisa, os pais não são como a água. Os pais não são como os filhos: nem sempre ocupam todo o espaço disponível! Porque, se os pais ocupassem sempre todo o espaço disponível, os filhos não teriam espaço para viver, para crescer, para desabrochar. Se os pais sempre exercessem ao máximo a sua potência, os filhos não poderiam desenvolver a deles. Aliás, os filhos, na verdade, já estariam mortos. Lembrem-se, vocês que viveram isso. Quando se põe pela primeira vez um recém-nascido nos braços do jovem pai, explica-se: "Cuidado, não o sacuda, segure bem a nuca: ele é frágil, você pode quebrar o pescoço dele!" Em outras palavras: não afirme ao máximo sua potência! Se os pais agissem segundo a fórmula de Tucídides, nenhum recém-nascido sobreviveria à potência paterna. De modo que desde há pelo menos cem mil anos foi preciso que as mães (já se vê mais ou menos isso entre os grandes símios) ensinassem os pais – portanto a seus filhos e a seu companheiro – a não afirmar ao máximo sua potência. Lições de doçura? Lições de caridade? As duas interpretações são possíveis. Não é por acaso que, na tradição judaico-cristã,

Deus é pai (dizer *mãe* seria melhor ainda, mas o machismo antigo e mediterrâneo se opunha a isso). Deus é justamente esse amor que renuncia a exercer ao máximo sua potência. Mas, antes de chegarmos a Deus, uma palavra sobre os pais que somos, muitos de nós, ou seremos.

Você está em casa, na sala. As crianças estão no quarto delas, por exemplo no andar de cima, se você mora num sobrado. Elas estão fazendo muito barulho, ou já é tarde, elas têm de ir para a cama, ou têm de fazer os deveres, ou têm de arrumar o quarto, sei lá... Você sobe para pôr ordem. Alegremente, por amor, mas enfim você vai afirmar sua potência! Você chega ao alto da escada e lá, pela porta entreaberta do quarto das crianças, você enxerga as duas ou três cabecinhas morenas ou louras, tão graciosas, tão frágeis, tão comoventemente frágeis – e tão bem sem você! –, que em vez de entrar no quarto para pôr ordem, para afirmar alegremente sua potência, para existir mais, você desce a escada de volta na ponta dos pés. Você renuncia a exercer sua potência. Você renuncia a ocupar todo o espaço disponível, para que seus filhos possam desenvolver sua própria potência, para que tenham mais espaço para existir. Esse momento em que você desce a escada na ponta dos pés, esse momento em que, por amor, você renuncia a afirmar ao máximo sua potência, é para Simone Weil um momento de caridade.

O segundo exemplo é Deus mesmo. Porque, no fundo, explica Simone Weil, se Deus tivesse querido afirmar ao máximo sua potência, não teria havido mais que Deus. Para que Deus crie outra coisa além dele, ele tem de consentir em não ser tudo. Deus tem de "se retirar", escreve Simone Weil, reencontrando aqui, talvez sem saber, um velho tema místico judaico, aquele que se chama *tsimtsum*, que os cristãos chamarão de quenose ou exinanição, que é o movimento pelo qual Deus se retira, se esvazia da sua divindade, enfim, renuncia a tudo para que outra coisa possa existir[11]. O quê? O mundo, com nós nele. O mundo, isto é, menos bem que Deus, e é por isso que existe mal no mundo, explica Simone Weil, dando assim uma espécie de solução que acho muito original e profunda ao célebre problema do mal, ainda que eu não adira a ela. Se o mundo é criado por um Deus ao mesmo tempo onipotente e infinitamente bom, como é que existe mal no mundo? Simone Weil explica que, se não houvesse mal no mundo, o mundo seria perfeito. Mas, se o mundo fosse perfeito, o mundo seria Deus; e, se o mundo fosse Deus, não haveria mais que Deus, e não haveria mundo... Deus não pode criar outra coisa que não seja ele, a não ser que aceite não ser tudo; e, como Deus é todo o bem possível, ele pode acrescentar um pingo de Bem ao infinito que ele é. É o preço a pagar pela perfeição infinita: Deus só pode criar o menos bem que Ele, o menos bem que o Bem. No limite, e essa é uma ideia que acho ao mesmo tempo assustadora e bela: Deus só pode criar o mal! É por isso que "a existência do mal neste mundo, longe de ser uma prova contra a realidade de Deus, é o que a revela em sua verdade a nós"[12]. Que verdade? Sua ausência, que é o espaço, sua espera, que é o tempo, sua presença, que é amor e retirada. "A criação", continua Simone Weil, "é da parte de Deus não um ato de expansão de si, mas de retirada, de renúncia. Deus e todas as criaturas são menos do que só Deus."[13] A partir do momento em que Deus se retira, aparece outra

---

11. Ver *La Pesanteur et la grâce*, "Décréation", pp. 41 a 47; e *Attente de Dieu*, "Formes de l'amour implicite de Dieu", pp. 130 a 132. O tema vem de são Paulo, *Epístola aos filipenses* 2, 7.

12. *Attente de Dieu*, ibid., p. 131.

13. *Ibid.*

coisa que não é Deus, portanto menos bem que Deus, portanto o mundo, com o mal nele, com nós nele: "Deus aceitou essa diminuição. Ele esvaziou de si uma parte do ser. Ele se esvaziou já nesse ato da sua divindade; é por isso que são João diz que o Cordeiro foi degolado já na constituição do mundo; Deus permitiu que existissem coisas que não Ele e que valem infinitamente menos que Ele."[14] Por quê? Por amor, para o amor: "Deus não criou outra coisa que não o amor mesmo e os meios do amor."[15] Deus no entanto não carece de nada, não pode existir mais ou passar a uma perfeição superior. Esse amor que se retira não é nem *éros* nem *philía*: é um amor de caridade.

Deus consente em não ser tudo: ele se retira. O que resta? A ausência de Deus, isto é, o mundo, isto é, o mal (Simone Weil não está muito distante, sob certos aspectos, dos gnósticos), mas como sinal ainda dessa retirada. É mais ou menos como quando andamos numa praia, na areia molhada, com a maré baixa: quando o pé se retira, só resta na areia a marca do pé ausente. Pois bem: o mundo é a marca do Deus ausente[16]. Mas não é um amor que quer existir mais, nem afirmar ao máximo sua potência; ao contrário, é um amor que renuncia a exercer ao máximo sua potência, que consente em existir menos para que outra coisa que não ele possa existir. Amor de caridade: "*O theos agápe estin.*"[17]

Enfim, o terceiro e último exemplo é o casal, às vezes ou talvez. É verdade que num casal feliz a alegria de um alimenta a alegria do outro, de modo que ambos existem

---

14. *Ibid.*
15. *Attente de Dieu*, "L'Amour de Dieu et le malheur", p. 106.
16. *Ibid.*
17. *Primeira epístola de João*, 4, 8 e 16 ("Deus é amor").

mais. No entanto, há que reconhecer que o outro, às vezes, de tanto existir cada vez mais, de tanto ser tão alegre, tão potente, tão amante a seu modo (tão possessivo e devorador: *éros*; tão expansivo e alegre: *philía*), se torna um tanto invasivo: acaba ocupando tanto espaço que você já não tem nenhum espaço para existir livremente, docemente, calmamente. É verdade principalmente quando você está cansado, em estado de fraqueza ou de tristeza, quando você existe menos. Você recua um passo, para ter um pouco de ar, um pouco de espaço disponível diante de você... Mas o outro o ama alegremente, potentemente: ele avança um passo. "Querido(a), o que foi? Alguma coisa errada? Venha, vamos fazer amor, ou vamos ao cinema, ou ao restaurante, vamos fazer isso, vamos fazer aquilo, vamos..." Por amor: alegremente, potentemente. Só que você está com vontade de chorar. A não ser que o outro, de repente, constatando que de fato você se encontra num estado de fragilidade, constatando que você existe um pouco menos, como poderia dizer Espinosa, constatando que você recuou um passo para respirar um pouco, para ter um pouco de espaço disponível, a não ser que o outro, então, recue dois passos, para lhe deixar mais espaço disponível para existir, justamente porque ele o sabe mais frágil, pelo menos nesse momento. "Querido(a), vou dar uma volta, vou levar o cachorro para passear, vou fazer umas compras..." Esse momento em que o outro, no casal, aceita por amor viver menos é o que Simone Weil chamaria de um momento de caridade. De minha parte, falaria antes de um momento de doçura, para deixar à palavra "caridade" seu registro religioso, seu mistério e sua incerteza. Um momento de doçura, um momento de retirada, que vem temperar o que a potência alegre do amor pode ter, caso contrário, de demasiado afirmativo, de demasiado expansivo, de demasiado invasivo. É talvez o que chamamos de ternura, que faz como que um halo de doçura e de caridade em torno da concupiscência (*éros*), em torno da potência e da alegria de amar (*philía*). A mais bela formulação disso foi dada no século XX pelo filósofo alemão Adorno. Talvez seja a frase mais comovente que conheço sobre o amor. Em *Minima moralia*, Adorno escreve o seguinte: "Serás amado quando puderes mostrar tua fraqueza sem que o outro sirva-se dela para afirmar sua força." Amor de caridade, ou doçura do amor, inclusive no casal.

O amor a si

É isso a caridade: a parte de doçura, de compaixão, como talvez dissessem os orientais, de retirada, como diria Simone Weil, que vem temperar não apenas a violência do desejo ou da falta (*éros*), mas também o que a potência e a alegria, sozinhas, teriam de forte demais, de invasivo demais, eu diria quase de expansionista demais (*philía*). É o contrário do *conatus*, ou antes, como que sua autolimitação amante e doce: trata-se de consentir em existir um pouco menos, para que o outro possa existir um pouco mais.

Isso esclarece também a questão do amor a si. Lembro-me de uma das minhas ingenuidades de juventude. Eu tinha dezesseis ou dezessete anos, era católico, lia os *Pensamentos* de Pascal, maravilhado, claro, admirado, não é para menos, mas acreditava, apesar de tudo, ter encontrado seu ponto fraco na célebre fórmula: "O eu é odioso." Porque, eu me dizia, se fosse preciso odiar a si mesmo, o mandamento evangélico "*Ama ao próximo como a ti mesmo*" se tornaria absurdo, ou antes, se reverteria em seu contrário. Se eu me detesto e se amo o próximo como a mim mesmo, detesto o próximo. Acreditava ter refutado Pascal... Não é preciso dizer que é uma pretensão que já não tenho. Alguns anos depois, continuando a ler Pascal (faz quarenta anos que o releio sem cessar), acabei compreendendo que, para Pascal, era evidentemente preciso amar a si mesmo, mas com um amor de caridade[18]. Quando Pascal escreve que "o eu é odioso", o *eu*, nesse contexto, significa egoísmo. O que Pascal chama de *eu* é essa instância em mim que só sabe amar a mim, é o que hoje se costuma chamar de *ego*, e todo *ego* é de fato egoísta. O erro não é amar a si mesmo; o erro é amar a si como a ninguém, mais que a todos os outros, ao passo que seria preciso saber se amar como a qualquer um, isto é, como ao próximo, isto é, com um amor de caridade. É o que Simone Weil, aqui também, me ajudou a compreender. "Amar um estranho como a si mesmo implica, como contrapartida, amar a si mesmo como a um estranho"[19], escreve ela. Sim, porque, se a fórmula dos Evangelhos, "ama o próximo como a ti mesmo", quisesse dizer "ama teu próximo (isto é, qualquer um) como amas a ti mesmo, com esse amor cego, passional, narcísico que tens por ti mesmo", seria então uma história de loucos, os Evangelhos nos pediriam algo que é evidentemente impossível. Como querem que eu ame qualquer um como a mim mesmo, se me amo como a mais ninguém? Nesse caso, Desproges é que teria razão: "Jesus nos diz 'ama teu próximo como a ti mesmo'. Pessoalmente, prefiro a mim mesmo." Todos estamos nessa mesma situação. Mas essa história maluca se inverte em grande sabedoria, que

---

18. Ver a esse respeito meu artigo "L'amour selon Pascal", *Revue internationale de philosophie*, nº 199, 1997, pp. 131 a 160.
19. *La pesanteur et la grâce*, "Amour", p. 68.

eu chamaria de bom grado de a sabedoria dos Evangelhos, quando compreendida assim: ama a ti como tu és, isto é, como qualquer um, e verás que será possível amar qualquer um como a ti mesmo. De modo que, ao passo que podemos ter a impressão de que Jesus nos pede uma coisa maluca, impossível (amar o outro como a si mesmo), ele na verdade nos pede apenas para amar a nós mesmos pelo que somos (qualquer um) e, por conseguinte, logicamente, banalmente, amar qualquer um como a nós mesmos. Isso não quer dizer que seja preciso se amar; isso quer dizer que é preciso se amar de outro modo, que é preciso se amar como a qualquer um, como a um próximo, como a um estranho – que é preciso se amar com um amor de caridade.

A mesma amiga psiquiatra que eu evocava há pouco me disse um dia: "As pessoas não sabem amar a si mesmas; elas são narcisistas demais para isso." Elas se amam apaixonadamente; elas são, como Narciso, prisioneiras da própria imagem, de seu euzinho adorado, como que apaixonadas pelas ilusões que têm sobre si. Como poderiam se amar verdadeiramente, tal como são? Há um texto de Freud que se chama *Para introduzir ao narcisismo*[20]. Eu gostaria de escrever um que se chamasse *Para sair do narcisismo*. Não para deixarmos de amar a nós mesmos, mas para aprendermos a nos amar tal como somos, em nossa banalidade de humanos, portanto a amar também os outros, em vez de amar apenas, como Narciso, nossa imagem ou o que acreditamos ser. Mas não é preciso escrevê-lo. Esse livro já existe. Seu título: *Os Evangelhos*.

---

20. *Pour introduire au narcissisme*. Títulos da edição brasileira: *Sobre o narcisismo: uma introdução* (Imago, Rio de Janeiro, 1969); *Introdução ao narcisismo* (Companhia das Letras, São Paulo, 2010).

O AMOR

Amor de concupiscência ou amor de benevolência?

Tomás de Aquino distingue o amor de concupiscência do amor de benevolência. A concupiscência, no século XIII, não é apenas a sexualidade, como hoje se acredita com frequência. É mais ou menos como no caso do *éros*: a sexualidade é um caso de concupiscência, mas um caso apenas. O que são Tomás chama de "amor de concupiscência" é o fato de amar o outro para nosso próprio bem. Quando digo "gosto de [amo] frango", não é para o bem do frango: amor de concupiscência. Diferentemente do "amor de benevolência", que consiste em amar o outro para o bem dele. Quando digo "amo meus filhos", não é apenas para o meu bem; é também para o meu bem (sempre há concupiscência), mas é também e sobretudo para o bem deles: a esse amor de concupiscência se acrescenta, no amor que temos por nossos filhos, uma parte considerável de amor de benevolência. Entendam-me: na maioria das vezes há as duas coisas, concupiscência e benevolência; mas não necessariamente nas mesmas proporções. Em se tratando do amor que temos por nossos filhos, parece-me claro que a benevolência prevalece na maioria das vezes. No casal, há sem dúvida as duas coisas, mas não tenho certeza de que a benevolência prevaleça. Gostaria de lhes propor uma experiência de pensamento. Se quiserem saber, no casal que vocês formam, se o que domina é o amor de concupiscência ou o amor de benevolência, façam-se a seguinte pergunta: "O que eu preferiria? Que meu parceiro fosse infeliz comigo ou que fosse feliz com outro ou com outra?" No caso dos filhos, não hesitamos um instante: preferimos que nossos filhos sejam felizes com outros a serem infelizes conosco. Mas no caso do casal é menos claro. Imaginem que vocês encontrem um amigo, cuja mulher, vocês sabem, o abandonou há uns meses. Ele está morto de tristeza, e, vendo-o em estado de sofrimento, vocês dizem para levantar seu moral: "Não se preocupe, vi sua *ex* três dias atrás, ela está em plena forma, está visivelmente felicíssima com o outro, o novo!" Longe de atenuar a tristeza do amigo, vocês decerto vão multiplicá-la. É que talvez ele ame sua ex-mulher em parte para o bem dela (se o ciúme e o ódio não levaram tudo embora); mas sem dúvida ele a ama mais para o bem dele mesmo: a concupiscência prevalece sobre a benevolência.

O amor sem fronteiras

Num casal, há quase sempre ambas as coisas. Aliás, é uma parte da força e do encanto dos casais, quando são felizes, esse encontro da concupiscência com a benevolência, como o casamento de *éros* e *philía*, do desejo e da alegria, da paixão e da ação, do sexo e do amor. Já no caso do amor de caridade, uma vez que sejamos capazes dele, poder-se-ia dizer que é o amor libertado de toda concupiscência, de todo egoísmo – quando não há mais que a benevolência, quando se ama verdadeiramente o outro para o bem dele e não mais para o nosso próprio bem. No fundo, a caridade, se existe, é um amor liberado do ego: um amor sem egoísmo, sem possessividade, sem pertencimento, sem fronteiras. É por isso que a caridade tende ao universal, mas na singularidade de cada encontro (é isso que distingue o amor ao próximo do amor à humanidade). Mesmo que ela não exista, mesmo que não passe de um ideal, ela pelo menos indica uma direção na qual podemos tentar avançar: amando um pouco menos a si mesmo, ou amando um pouco melhor a si mesmo, amando um pouco mais o outro para o bem dele, e talvez, com isso, um pouco menos para nosso próprio bem... Pode ser que não passe de um ideal, que brilha por sua ausência. Mas brilha: esse ideal os ilumina, ele indica claramente uma direção, que é a de um amor cada vez mais amplo, cada vez mais aberto; e, como todos nós partimos de muito baixo, isso significa que temos uma boa margem de progressão. "A única medida do amor", dizia santo Agostinho, "é amar sem medidas." Isso, por definição, está fora do nosso alcance (a finitude é nosso quinhão, definitivamente); o que não é uma razão para renunciar a avançar.

Conclusão

Para concluir, gostaria primeiro de relativizar tudo isso. Para me fazer compreender bem e para não me estender demais, assinalei nitidamente as diferenças entre estes três tipos de amor: *éros*, *philía*, *agápe*. Mas, na realidade, como assinalei de passagem várias vezes, nossas experiências amorosas ou de casal, nossas experiências de amor se situam quase sempre entre um ou outro desses três polos (ainda que um dos três seja puramente imaginário) e tomam emprestada uma parte da força ou das fraquezas deles. O erro estaria em absolutizar as diferenças entre esses três tipos de amor, considerá-los três mundos estranhos um ao outro, ou três essências separadas. Não é assim. Não são três mundos distintos, nem três essências separadas. São antes três polos, mas num mesmo campo, que é o campo de amar. São três momentos, mas de um mesmo processo, que é o processo de viver.

A mãe e o filho

O que melhor ilustra o que esses diferentes amores têm de complementar, de indissociável, de misturado, e nos lembra que passamos perpetuamente de um a outro é a imagem arquetípica tanto do amor como da humanidade, e não é por acaso que se trata da mesma imagem e, ainda por cima, da imagem de uma mulher. É a imagem da mãe com o filho: a mãe que amamenta seu bebê, tanto faz se no peito ou com a mamadeira. Observem a mãe, observem o filho.

Observemos primeiro o filho. Ele pega o peito, ou pega a mamadeira. É *éros*: o amor que pega, que quer possuir e guardar. O peito lhe é retirado: o bebê começa a chorar, a berrar. O peito lhe é devolvido: ele fica contente. *Éros*: amor de concupiscência. Porque, é claro, a criança não pega o peito para o bem da mãe, nem mesmo porque ama muito a mãe, como pretendem nos fazer crer certos livros melosos. Aliás, se ele acaba de nascer, nem sabe que tem uma mãe, nem sabe o que é uma mãe. Ele pega o peito porque está com fome, porque está com frio, porque está com medo. Ele não pega o peito para o bem dela, mas para o bem dele mesmo. Egoísmo? Essa questão ainda não se coloca (o ego não se constituiu). Mas concupiscência pura: a pulsão de vida (o *conatus*) no estado bruto. No princípio, como diria Freud, só há *isso*.

Depois observem a mãe. Ela dá o peito ou a mamadeira: já não é amor que toma (*éros*), é amor que dá, que se regozija e compartilha (*philía*). E ela dá o peito não para seu próprio bem (mesmo que isso também lhe faça bem), mas, antes de tudo, para o bem dele, para esse serzinho tão frágil que tornaria vã qualquer afirmação de potência, para esse animalzinho humano que não tem outra arma que não sua fraqueza, nem outra proteção que não o amor que inspira ou suscita, para esse recém-nascido que lhe deve a vida e pelo qual ela daria, sem hesitar, a sua...

CONCLUSÃO

Ele não tem nada. O que se poderia tomar dele? Só é possível lhe dar, e lhe dar... Só é possível protegê-lo, niná-lo, mimá-lo, alimentá-lo... Só é possível regozijar-se e temer por ele.

Tentemos, pelo menos por meio do pensamento, universalizar esse amor. Se pudéssemos ter pelo próximo, isto é, por qualquer um, essa espécie de amor incondicional que a mãe tem pelo filho, teríamos uma ideia do que é o amor de caridade, do que ele poderia ou deveria ser. Deus é dito Pai, não por acaso, e "ele inventou as mães", diz uma velha piada iídiche, "porque não podia estar presente em toda parte...".

No entanto, o que mais me interessa nessa história, nessa imagem, a da mãe com o filho, é que a mãe foi uma criança primeiro, foi um bebê primeiro. Ela começou tomando, como todo o mundo. No início, ela tem somente concupiscência: todos nós começamos por *éros*, e no fundo é o que se pode chamar, em Freud, de primado da sexualidade. A mãe foi um bebê primeiro, ela começou tomando, depois aprendeu, progressivamente, a dar. Ela passou, por assim dizer, de *éros* a *philía*. Não são dois mundos estanques, insisto nisso, não são duas essências separadas, mas como que dois polos ou dois momentos, ambos legítimos e necessários. Trata-se de tentar se elevar, é a palavra que convém, do amor mais fácil, que também é o mais importante, o mais fundamental, o mais forte (*éros*: primado da sexualidade), ao amor mais elevado, mais frágil, mais incerto talvez: a alegria de dar, primeiro a seus próximos (*philía*), eventualmente ao próximo (*agápe*). Primado da sexualidade, primazia do amor.

"A criança só sabe tomar", dizia Svami Prajnanpad; "o adulto é aquele que dá." Gosto muito dessa formulação, porque ela permite medir, pelo menos aproximadamente, a parte que fica em nós de infantilismo e a parte de maturidade. A parte infantil em mim é a parte que só sabe tomar ou receber, possuir ou guardar. A parte adulta em mim, a parte de maturidade, é aquela que é capaz de dar. Há sempre as duas; mas aqui também partimos de tão baixo que deve ser perfeitamente possível nos elevarmos pelo menos um pouco.

Universalidade do amor?

Perguntam-me com frequência: "Esse amor de que você fala é universal ou é particular, cultural, histórico? Porque, afinal, por mais ateu que você seja, seu discurso é tipicamente judaico-cristão..." E então? A cultura também faz parte do real. Por que eu deveria me envergonhar da minha? E que outro acesso existe ao universal além da particularidade aberta de uma história ou de uma civilização? Isso me faz pensar numa história que aconteceu comigo faz alguns anos, na época em que eu dava aula na Sorbonne. Vejo aparecer numa das minhas aulas, no meio do ano, um aluno que eu não conhecia, que notei ainda mais facilmente por ser um adulto (ele devia ter trinta ou trinta e cinco anos, ou seja, muito mais que a maioria dos meus alunos) e de origem asiática. Ao cabo de algumas semanas de presença assídua, ele vem ao meu encontro no fim da aula e pede para conversar comigo. Vamos tomar alguma coisa juntos, na Place de la Sorbonne, e ele me explica que é chinês e etnólogo. (Aliás, publicará alguns meses depois uma tese apaixonante, sobre a qual queria também me falar, sobre os na, povo chinês muito singular, por ser uma

CONCLUSÃO

sociedade sem casamento[1].) Depois acrescenta: "Estou lendo o seu *Pequeno tratado das grandes virtudes*. Está traduzido em chinês?" Respondo que o contrato está assinado mas que a obra, pelo que sabia, ainda não havia sido lançada na China. "Estou curioso para ver a tradução, principalmente do capítulo sobre o amor!", diz ele. "Vejo muito bem como se pode traduzir *éros* em chinês, não tem nenhum problema, vejo muito bem como se pode traduzir *philía*, não tem nenhum problema, mas eu me pergunto como vão traduzir *agápe*... O chinês é minha língua materna: não vejo uma só palavra chinesa que seja equivalente ao seu 'amor de caridade'." Tolamente, não tive a reação que deveria ter tido. Eu deveria ter dito: "Há alguns milhões de cristãos na China, pergunte a eles como traduzem *agápe* no Novo Testamento..." Meu *Pequeno tratado*, mais tarde, foi publicado na China. Não surpreenderei nenhum de vocês se disser que não leio chinês e não sei até agora como traduziram *agápe*... Mas o que retenho dessa anedota é que *éros* e *philía*, em formas culturais evidentemente variáveis em função dos países e das épocas, fazem parte do universal humano: que a falta, a paixão, a amizade ou o casal, sob denominações diferentes e quaisquer que sejam as evoluções históricas, não são exclusivas de nenhuma civilização. No que concerne à caridade, em compensação, parece tratar-se de uma particularidade cultural, no caso judaico-cristã. Isso reduz seu campo, mas sem o abolir nem o descredenciar. Um valor cultural e relativo (todos o são) nem por isso deixa de valer. De resto, nas outras civilizações, podem-se encontrar valores próximos ou convergentes. No Oriente budista, por exemplo, fala-se mais

---

1. Essa tese foi publicada em francês: Hua Cai, *Une société sans père ni mari: les Na de Chine*, PUF, 1998.

de compaixão do que de caridade. No espaço confuciano, evoca-se o *ren*, geralmente traduzido por "humanidade" (no sentido de que a humanidade é uma virtude, e não apenas uma espécie). Desconfio que em todas as grandes civilizações temos algo, pouco importa o nome que lhe seja dado (caridade, compaixão, doçura, bondade, benevolência, humanidade...), que vem limitar o que a falta e a potência, a paixão amorosa e até a alegria de amar podem ter, sem essa limitação, de demasiado violento, de demasiado afirmativo, de demasiado expansionista. A potência nunca basta. A alegria, raramente. É por isso que a doçura, sempre, continua necessária.

O amor e Deus

Esse amor é Deus? Em sua primeira epístola, quando escreve que "Deus é amor", João não utiliza nem *éros* nem *philía*, claro. O texto grego diz: "*O theos agápe estin.*" Deus é amor, decerto, mas amor de caridade. Deve-se concluir daí que o amor é Deus? Sim, talvez, se o amor for onipotente e imortal, "tão forte quanto a morte", como diz o Cântico dos Cânticos, se não for mais forte do que ela, como sugere a Ressurreição. Mas será o caso? "Você diz que é ateu", os cristãos costumam objetar. "Mas acredita no amor, e eu acredito num deus de amor: acreditamos na mesma coisa, você não é tão ateu quanto diz!" Sou, sim. Não só porque não creio no amor como um absoluto eterno (todo amor, a meu ver, é relativo, histórico, condicionado), mas também porque não creio de modo algum em sua imortalidade, nem em sua onipotência. É por isso que sou ateu. O fato de Deus, se existir, ser amor (o que concedo de bom grado) não basta para provar que o amor é Deus. O amor, de fato, só poderá fazer um deus plausível se ele for onipotente, se for imortal ou mais forte que a morte. É essa a pedra de toque. Se você acredita que o amor é imortal e onipotente, se você acredita que ele é mais forte que a morte, então chame-o de *Deus*, será mais simples: você faz parte dos crentes, e não sou eu que vou criticá-lo por isso. Se, ao contrário, você acha, como eu, que o amor não é onipotente, que só existe amor humano, portanto fraco, se você acha que o amor não é mais forte que a morte mas, infelizmente, menos forte que ela (não é que, claro, sejamos incapazes de amar os mortos, a experiência do luto prova o contrário, mas na medida em que nada me autoriza a pensar que os mortos ainda sejam capazes de nos amar, e na medida em que, sobretudo, o amor nunca impediu ninguém de morrer, como sabem os pais que velaram seu filho agonizante: apesar de o amarem mais que tudo, isso não bastou para salvá-lo), se você acha, dizia eu, que o amor é fraco, que o amor é mortal, então o amor não é Deus, e você faz parte dos ateus. Isso não retira do amor nada de essencial, parece-me. O fato de que nossos filhos vão morrer é, por acaso, razão para não os amar? O fato de que toda vida é mortal é razão para não viver? O fato de que todo amor é fraco é razão para não amar? Claro que não, e é isso que chamo de verdade do calvário: o amor, mesmo vencido, vale mais que uma vitória sem amor.

Portanto o amor, para mim, não é Deus. Mas sem dúvida é o que, no homem, mais se parece com Deus, o que nos deu a ideia dele, talvez, e o que faz as vezes dele.

O AMOR

De onde vem o amor?

Outra pergunta que me fazem com frequência: "Se o amor não vem de Deus, de onde vem?" Minha resposta é que ele vem do sexo, da família e das mulheres.

Ele vem do sexo, é o que Freud chama de *sublimação* – que não é o sentimento do sublime mas o tornar-se sublime do sentimento. É por se chocar com o interdito (especialmente na forma da proibição do incesto) que o desejo se *sublima*, como diz Freud, em amor. Se não houvesse em nós essa pulsão sexual, se não houvesse em nós o desejo, jamais haveria amor.

Mas também não haveria amor, ou ele iria muito mais longe, ou muito mais alto, sem o interdito que acompanha a sexualidade e a limita. Aqueles a quem mais amo (meus filhos) ou que amo primeiro (meus pais) são justamente os que me são sexualmente proibidos. Quem pode ver nisso uma simples coincidência? É aí que o amor e a lei se encontram, na família, limitando-se mutuamente.

O amor vem do sexo e da família. Vem também das mulheres, como eu dizia há pouco, em parte para fazer graça, mas somente em parte. O amor vem das mulheres: das mães, sem dúvida, muito antes e muito mais que das amantes. Por que amamos o amor? Porque caímos nele quando éramos pequenos, como Obelix na poção mágica. Nós mamamos o amor ao mesmo tempo que o leite. Quase todos. O bastante para compreendermos duas coisas: a primeira é que o amor é o valor supremo, que "sem amor, não somos nada", como diz a canção. A segunda é que, desse amor, estaríamos hoje perpetuamente frustrados, perpetuamente em falta. O que Freud nos ensina ou nos lembra é também que o amor mais forte que vivemos, aquele no qual fomos amados mais que nunca, aquele no qual aprendemos por isso mesmo a amar, esse amor já ficou, e definitivamente, para trás – que não poderemos lhe ser fiéis a não ser aprendendo, por nossa vez, a amar. A graça de ser amado precede a graça de amar, e a torna possível.

A graça de amar

O que é uma graça? É um dom imerecido e gratuito. Uma mulher que não conhecíamos, que não nos conhecia, nos amou assim. Nossa mãe (pouco importa se biológica ou adotiva; o que importa, o que faz uma mãe é o amor que ela tem por seu filho) nos amou de maneira incondicional e imerecida, sem saber nada a nosso respeito. Não porque éramos mais bonitos, ou mais inteligentes, ou mais meigos que outros: ela não sabia nada de nós, do que éramos nem do que seríamos, salvo que éramos seu filho. Amor incondicional, e condicionado no entanto. O que há de mais forte? O que há de mais bonito? O que há de mais comovente? Qualquer mãe, se amorosa (quase todas elas são, mesmo mal), me comove muito mais do que todas as carolices.

Se o amor não vem de Deus, de onde vem? Vem do sexo, da família e das mães. Mesmo imperfeita, como são todas as mães, mesmo deficiente, mesmo patológica, como às vezes são, a minha era amorosa demais – apesar da doença, apesar de fragilidade, apesar do sofrimento – para que eu necessitasse de outra coisa.

Cada qual com o seu caminho: cada qual com a sua infância, com a sua maneira de continuá-la, de consolar-se dela talvez, enfim de sair dela, o que é a única maneira de lhe ser fiel. A graça de ser amado precede a graça de amar, dizia eu, e a torna possível. Isso quer dizer também que a graça de amar importa mais. É um dom? Sim, claro, já que ninguém pode decidir a seu respeito. Obrigado aos que amamos: obrigado a eles por existirem, e por nos ajudarem a existir! Obrigado aos que nos amam, ou que nos amaram. O amor e a gratidão andam juntos. O mais bonito presente que nossos pais nos deram não é nos ter amado, é ter nos ensinado com isso a amar, tanto quanto pudermos. Não conseguimos? Mais uma razão para tender a isso, para se *agarrar* a isso, como dizia Rilke: "Temos de nos apegar ao que é difícil; tudo o que vive se apega. É bom estar só, porque a solidão é difícil. É bom amar, também, porque o amor é difícil."[2] Mas, se não amássemos também a dificuldade, como poderíamos amar a vida?

Para terminar num tom menos grave, e sem saber em que momento vocês lerão estas páginas, nem portanto a que distância estarão da sua próxima refeição, desejo a todos, não uma boa fome, vocês entenderam, mas um excelente apetite!

---

2. R. M. Rilke, *Cartas a um jovem poeta*, VII.